O DIA SE APROXIMA

AMIR TSARFATI

O DIA SE APROXIMA

UMA MENSAGEM DE
UM ISRAELITA SOBRE
ADVERTÊNCIA E ESPERANÇA
PARA OS ÚLTIMOS DIAS

São Paulo, 2022

O dia se aproxima – Uma mensagem de um israelita sobre advertência e esperança para os últimos dias

The day approaching – An Israeli's message of warning and hope for the last days

Copyright © 2020 by Amir Tsarfati

Copyright © 2022 by Editora Ágape Ltda.

EDITOR: Luiz Vasconcelos
COORDENAÇÃO EDITORIAL: Stéfano Stella
TRADUÇÃO: Ingrid Cruz
PREPARAÇÃO: Deborah Stafussi
REVISÃO: Marco Galhardi / Fabrícia Carpinelli
CAPA: Marcela Lois
DIAGRAMAÇÃO: Manoela Dourado

Texto de acordo com as normas do Novo Acordo Ortográfico da Língua Portuguesa (1990), em vigor desde 1º de janeiro de 2009.

Dados Internacionais de Catalogação na Publicação (CIP)
Angélica Ilacqua CRB-8/7057

Tsarfati, Amir
O dia se aproxima: uma mensagem de um israelita sobre advertência e esperança para os últimos dias

Amir Tsarfati; tradução de Ingrid Cruz.
Barueri, SP: Editora Ágape, 2022.

224p.

Título original: The day approaching: An Israeli's message of warning and hope for the last days

1. Bíblia - Profecias 2. Fim do mundo 3. Escatologia

I. Título II. Cruz, Ingrid

22-1217   CDD- 236.9

Índice para catálogo sistemático:
1. Bíblia - Profecias

EDITORA ÁGAPE LTDA.
Alameda Araguaia, 2190 – Bloco A – 11º andar – Conjunto 1112
CEP 06455-000 – Alphaville Industrial, Barueri – SP – Brasil
Tel.: (11) 3699-7107
www.editoraagape.com.br | atendimento@agape.com.br

Para meus filhos, Ariel, Maayan, Elad e Eilon.
Por vocês, meu coração se enche de orgulho e minha vida se tornou plena. Eu amo vocês.

Agradecimentos

Em primeiro lugar, eu quero agradecer ao Senhor pela Sua fidelidade em minha vida. Antes mesmo de eu nascer, Ele me amou profundamente e tinha um plano para minha vida. Que bênção poder servir ao meu Salvador todos os dias.

Eu quero agradecer à minha esposa, Miriam, e aos meus quatro filhos, cujo amor e apoio nunca diminuíram, mesmo quando o Senhor me levou para longe de casa inúmeras vezes. Sou o pai e marido mais abençoado de todos.

Eu quero agradecer à minha equipe na Behold Israel pelo amor, apoio e dedicação: H. T. e Tara, Mike e Sharon, Gale e Florene, Donalee e Jeff, Andy e Gail, Wayne e Cyndie, Joanne, Nick, Kayo, Tina, Jason e Shane – o ministério não seria o que é sem sua parceria inabalável.

Obrigado, Barry Stagner e Rick Yohn, pela sabedoria e visão enriquecedora da Palavra de Deus.

Obrigado, Bob Hawkins Jr., Steve Miller e toda a equipe maravilhosa da Harvest House.

Por último, obrigado, Steve Yohn, por ter participado dessa jornada comigo.

> "Guardemos firme a confissão da esperança, sem vacilar, pois quem fez a promessa é fiel. Consideremo-nos também uns aos outros, para nos estimularmos ao amor e às boas obras. Não deixemos de congregar-nos, como é costume de alguns; antes, façamos admoestações e tanto mais quanto vedes que o Dia se aproxima."
>
> Hebreus 10:23-25

Sumário

Capítulo 1. A qualquer dia agora 13

Capítulo 2. A figueira e a última geração 29

Capítulo 3. A progressão da separação 45

Capítulo 4. As 70 semanas prolongadas 59

Capítulo 5. A grande sombra da Páscoa Judaica 77

Capítulo 6. A grande sombra das outras festividades 87

Capítulo 7. Um olhar sobre o Oriente Médio 103

Capítulo 8. Um olhar sobre Israel 117

Capítulo 9. Quando o Restritor não detém mais 129

Capítulo 10. Enquanto isso, no céu... 145

Capítulo 11. O Milênio – os mil anos começam 159

Capítulo 12. O Milênio – quem sobrou na vizinhança? 173

Capítulo 13. O Milênio – mais do que um longo castigo 187

Capítulo 14. Uma olhada nos livros 201

Notas 215

CAPÍTULO I
A QUALQUER DIA AGORA

PELA MANHÃ, EU GERALMENTE ME LEVANTO, SIRVO-ME DE uma xícara de café e levo minha Bíblia para a varanda da parte de trás da casa. Enquanto me sento em uma cadeira almofadada, contemplo o belo cenário logo abaixo de mim. Uma vasta paisagem que se estende por quilômetros de terras férteis, coloridas por todo tipo de plantações generosas ali semeadas. Muitas vezes há uma brisa suave, da qual as aves predatórias tiram total vantagem enquanto, apressadas, caçam suas presas. Enquanto contemplo essa beleza, frequentemente meu primeiro pensamento é: "O café é a maior prova de que existe um Deus Criador". Entretanto, meu segundo pensamento é o quão inacreditável seria pensar que, possivelmente, em menos de uma ou duas décadas, esse vale inteiro diante de mim estará cheio de exércitos de inúmeras nações. Esses exércitos irão se unir e marchar em direção ao sul para destruir a cidade de Jerusalém.

Esse lindo panorama, visto abaixo da minha varanda, é o Vale de Jizreel, também conhecido por Vale de Megido, ou, ainda, por Vale do Armagedom. Se eu vir esses exércitos se reunindo, isso me alertará para o seguinte: Primeiro, eu saberei que Israel terá enfrentado um ataque devastador – provavelmente de natureza nuclear. Eu saberei que um grande líder mundial terá se levantado para unir as nações do mundo todo. Saberei que os terremotos, a fome e outros desastres naturais terão devastado a Terra. Saberei que, em Jerusalém, um novo templo terá sido construído e que o Monte das Oliveiras estará pronto para sentir os pés do Salvador, que retornará como Rei dos reis e Senhor dos senhores.

Também saberei que não vou mais estar aqui para ver todas essas coisas acontecerem. Quando esses exércitos estiverem lá embaixo, eu não estarei mais aqui em cima, saboreando meu café e curtindo essa vista. Eu já estarei no céu, na presença do meu Salvador, tendo sido arrebatado por Ele sete anos antes. Eu me prepararei para voltar para a Terra com Ele. Portanto, se você tem planos de ficar por aqui até o fim da grande tribulação, vou deixar as chaves para você debaixo do tapete da frente. Será uma vista e tanto.

Deus está trabalhando em Seu plano. Em breve, chegará o dia em que a igreja será levada ao encontro de Jesus nas alturas. Chegará o tempo em que Deus irá disciplinar o povo de Israel, de forma que eles finalmente cheguem ao arrependimento. Chegará o dia em que todo aquele que rejeitou o dom gratuito da salvação de Deus enfrentará a ira Dele por causa de seus pecados.

O *o quê* deste dia que se aproxima não é a questão mais importante deste livro. Eu abordei, em detalhes, questões sobre o arrebatamento e o Anticristo no meu último livro, *The Last Hour* (*A última hora*). Embora iremos abordar alguns eventos da tribulação em *O Dia se aproxima*, nosso foco principal será no *quando*.

Chegou o momento de eu ser 100% honesto com você. Eu não faço ideia do dia e da hora em que Cristo retornará, mas estou em boa companhia. Ninguém sabe o dia e a hora. Os anjos não sabem. Nem mesmo o próprio Filho de Deus sabe. Jesus disse: "Mas a respeito daquele dia e hora ninguém sabe, nem os anjos dos céus, nem o Filho, senão o Pai" (Mt. 24:36). O Pai tem o tempo exato programado, mas Ele o mantém em segredo em seu coração. O que eu posso lhe dizer é que, enquanto observo os eventos se desdobrarem no mundo ao nosso redor, acredito firmemente que o dia da volta de Jesus está rapidamente se aproximando.

Eu não sei você, mas eu mal posso esperar pelo dia em que verei Jesus. Eu fico pensando sobre isso, imaginando como será. Eu estudo as Escrituras para aprender o máximo que posso sobre o assunto. Esse anseio por ver o meu Salvador não está apenas em meu coração, mas também em meus lábios. Eu creio que devemos proclamar o nosso desejo pela volta de Jesus. O apóstolo João escreveu em Apocalipse: "O Espírito e a noiva dizem: Vem! Aquele que ouve, diga: Vem!" (Ap. 22:17). O próprio João expressou o seu desejo quando disse: "Vem, Senhor Jesus!" (versículo 20). Você já pediu a Jesus para que Ele volte? Você já expressou a Ele o seu entusiasmo e o seu desejo de estar com Ele para sempre? Você já parou por um momento para fechar os olhos e visualizar como será?

Imagine que você está sentado à mesa para jantar com a sua família. Você está prestes a dar a primeira garfada no delicioso espaguete à bolonhesa que a sua esposa preparou quando percebe que tem algo acontecendo – um formigamento, uma leveza – e, de repente, você está flutuando. Enquanto você e sua família sobem, você mal tem tempo de observar a expressão de admiração em seus rostos, quando outro rosto chama totalmente sua atenção. Você o reconhece de imediato, mesmo que nunca o tenha visto antes. É a face de Jesus em toda a Sua glória e majestade. Todas as dores, medos, preocupações e tristezas do mundo serão deixados para trás, junto com sua sala de jantar, de onde acabara de partir. Apenas alegria, paz e felicidade o aguardam na eternidade.

Este será o arrebatamento. Isso não é apenas uma história ou um conto de fadas religioso para que você se sinta bem. É um evento real, que acontecerá em tempo real e no mundo real. Devo admitir que fico surpreso, nas igrejas que visito e viagens que faço pelo mundo, com a quantidade de pessoas que não acreditam no arrebatamento. Outras, além de não acreditarem, ainda são hostis quanto a essa ideia no geral. Elas nem mesmo querem que esse assunto seja mencionado.

Recentemente, eu estava conversando com um pastor amigo meu, e ele me disse que, ao invés de ansiar pela vinda de Cristo para governar a Terra, ele acredita que nós já estamos vivendo o Reino de Deus. Ele disse que todos os eventos descritos em Apocalipse ocorreram por volta de 70 d.C., quando Roma destruiu o templo e massacrou milhares de judeus, a ira de Deus foi saciada. Não há mais a necessidade de um julgamento; não há mais a necessidade de um inferno. O nosso Deus, que agora está satisfeito, eventualmente salvará a todos. Fiquei chocado quando vi o tamanho do engano em que esse pastor se encontrava.

Estamos vivendo um momento de grande expectativa a respeito do breve retorno de Cristo. Porém, também é tempo de grande apostasia. Existem muitos anticristos pelo mundo, tanto fora quanto dentro das igrejas. Como cristãos, devemos saber a verdade sobre o plano de Deus para a humanidade e sobre como nos encaixamos nele. É a partir daí que encontraremos nosso propósito e esperança.

Deus quer que você conheça seu plano

O título deste capítulo é "A qualquer dia agora". Se você já participou de algum passeio turístico comigo, você rapidamente irá reconhecer essa frase. Eu devo dizer essas palavras umas 50 vezes por dia para as pessoas que estão, casualmente, terminando sua xícara de café ou procurando madeira de oliveira para comprar, enquanto todos os outros as esperam no ônibus. Essa frase é geralmente acompanhada por um revirar de olhos ou um aceno fora do meu campo de vista. Se esses atrasados tivessem olhado para os lados por um minuto, veriam que são os únicos da turma que não estão com o restante do grupo.

Se pararmos um momento para observar ao nosso redor, será impossível não perceber a forte sensação de "a qualquer dia agora" no mundo. Isso parece tão óbvio para mim, e eu não sou o único a me sentir desse jeito. No começo de 2017, o número de pesquisas no Google por "Terceira Guerra Mundial" atingiu o seu maior pico de todos os tempos. Mas o que desencadeou isso? Uma combinação da intensificação de atividades na Síria e as negociações com a Coreia do Norte, conduzidas pelo Presidente Donald Trump.[1] Ambas as situações foram abrandadas desde o momento de pânico nacional, mas ainda há uma sensação de que algo importante está acontecendo. Dentro de nós, há uma curiosidade intrínseca sobre o que irá acontecer no futuro e uma sensação de que o mundo, como vemos hoje, cedo ou tarde terá um fim.

Muita dessa curiosidade vem do medo do desconhecido. Os jornais e canais de notícias 24 horas estão constantemente bombardeando seus leitores e espectadores com por que os EUA devem se apavorar se o presidente fizer isso, ou se o Irã fizer aquilo, ou se a Coreia do Norte fizer qualquer coisa. Recentemente, uma das manchetes do jornal britânico *The Telegraph* dizia "Mundo 'à beira de uma guerra termonuclear' enquanto a Coreia do Norte pondera sobre como poderia provocar Trump" (em tradução livre).[2] Tente ter uma boa noite de sono após ler isso. As pessoas acusam os cristãos e a Bíblia de serem pessimistas, mas, na verdade, a própria mídia é pessimista. Pelo contrário, são Cristo e a Bíblia que nos dão esperança. São Cristo e a Bíblia que dizem: "Sim, eventualmente esse mundo deixará de existir, mas deixe-me contar a você como garantir uma passagem para fora daqui antes que isso aconteça".

Deus quer que você conheça Seus planos; Seus planos para o mundo, para Israel, para a Igreja e para você. Você tem interesse em saber sobre o futuro? Então você precisa buscar Aquele que o planejou. Ele já escreveu o que irá acontecer, você só precisa ler. Mas, por onde você deve começar? Tudo o que você precisa saber sobre o que está por vir foi revelado através dos profetas de Deus.

Os profetas foram figuras fiéis, porém trágicas. A última coisa que as pessoas queriam ouvir de Deus era: "Adivinha só, estou escolhendo você para ser Meu profeta". Os profetas eram destinados a uma vida de lutas, sofrimentos e dor. Mesmo assim, quase todos aceitaram a proposta quando Deus os chamou. Quando o Senhor perguntou: "A quem enviarei, e quem há de ir por nós?", assim como Isaías, eles deram um passo adiante e disseram "Eis-me aqui, envia-me a mim" (Is. 6:8).

Ultimamente, todo mundo quer ser profeta. Creio que seja porque há algum lucro nisso. Eu não sou um profeta e trabalho para uma organização sem fins lucrativos. Os profetas de hoje em dia ensinam sobre suas próprias opiniões e as chamam de "palavras do Senhor". Entretanto, a opinião dos homens nem chega perto do padrão bíblico de profecias. "Sabendo, primeiramente, isto: que nenhuma profecia da Escritura provém de particular interpretação; porque nunca jamais qualquer profecia foi dada por vontade humana; entretanto, homens [santos] falaram da parte de Deus, movidos pelo Espírito Santo" (2 Pe. 1:20-21). Quando Jeremias, Isaías, Oséias, Malaquias e todos os outros profetas anunciaram as profecias, eles não estavam dando suas próprias opiniões e pontos de vista. Uma profecia origina-se na mente de Deus e depois é anunciada pela boca dos Seus mensageiros escolhidos.

A mensagem profética de Deus – Seu plano para o mundo – foi revelada para nós na Bíblia. De Gênesis a Apocalipse, o Senhor nos apresenta o Seu projeto para a eternidade, passo a passo e em detalhes. Apesar de Ele ter nos dado 66 livros com revelações, há muitas pessoas que prestam atenção somente ao Novo Testamento como seu guia eterno. Elas supõem que o Antigo Testamento servia apenas para a sua própria época, e que depois Jesus veio e nos trouxe o Novo. O Antigo Testamento era ótimo para os judeus, mas nós somos a Igreja. Quem quer saber do Antigo quando podemos ter o Novo e melhorado?

Muito do que Deus quer que saibamos sobre o futuro encontra-se em um passado distante, de antes da Igreja e do Novo Testamento. Se nos limitarmos a Mateus 24 e 25 e ao livro de Apocalipse, nós iremos entender apenas parte da história. Em Hebreus, nós podemos ler que "Havendo Deus, outrora, falado, muitas vezes e de muitas maneiras, aos pais, pelos profetas, nestes últimos dias, nos falou pelo Filho, a quem constituiu herdeiro de todas as coisas, pelo qual também fez o universo" (1:1-2). O Deus que revelou a Sua verdade através de Jesus e dos autores do Novo Testamento é o mesmo Deus que abriu as cortinas do fim dos tempos através dos profetas do Antigo Testamento.

Quando lemos as palavras de Malaquias, Zacarias ou Oséias, nós sabemos que elas vêm da boca do Senhor. O profeta era apenas um porta-voz. Ele provavelmente entendia muito pouco do que via e dizia. Na verdade, muitas vezes hoje nós entendemos muito mais do que os profetas jamais entenderam sobre o que Deus ia fazer, à medida que traz salvação para a igreja, disciplina aos judeus e Sua ira sobre a Terra. Muito do que vemos nos profetas e no Novo Testamento parece indicar que esse grande Dia do Senhor está cada vez mais próximo.

Os tempos estão avançando

A história está avançando, e os eventos que vêm se aproximando rapidamente podem ser separados em duas categorias: aqueles sobre os quais podemos fazer algo e aqueles sobre os quais não podemos. A maioria dos acontecimentos futuros se enquadra na segunda categoria. Quando o anjo Gabriel foi ao profeta Daniel, ele anunciou o que de fato iria acontecer. Ele disse: "Setenta semanas estão determinadas sobre o teu povo e sobre a tua santa cidade" (Dn. 9:24). Os eventos que Gabriel anunciou *irão* acontecer; eles já foram determinados. Você pode até tentar impedir a obra de Deus, mas não irá muito longe. Imagine um trem em alta velocidade indo exatamente em sua direção. Não importa o quão sinceramente você deseje que ele pare, isso simplesmente não acontecerá. Você pode se apoiar firmemente nos seus pés, pode serrar os dentes, pode gritar para o trem com toda a força, "não passarás!", e ainda assim, em alguns instantes, o trem passaria e você ficaria achatado como um pão pita.

Se o futuro do mundo está tão fora de controle, isso significa que estamos completamente arruinados? Há alguma coisa que possamos fazer para ter esperança no grande plano de Deus? Com certeza. Nós podemos escolher seguir a Cristo, rendendo-nos a Ele como nosso Senhor e Salvador. Se fizermos isso, podemos ter certeza de que, quando Ele voltar para buscar a Sua igreja, nós seremos levados até Ele.

Entretanto, se escolhermos rejeitá-Lo, ou até mesmo simplesmente ignorar a escolha que temos – o que é o mesmo que dar as costas para Ele – seremos deixados para viver os horrores do julgamento. Que escolha simples! Ou nós escolhemos a vida eterna, ou escolhemos a morte. Nós podemos escolher escapar da ira de Deus, ou podemos escolher vivenciar a tribulação e sofrer por toda a eternidade longe do nosso Criador. Não há nenhuma outra decisão em nossas vidas que apresente um contraste tão grande. Louve ao Senhor pela oportunidade que Ele nos deu de escolhê-Lo! O momento de tomar a decisão é agora.

Por que devemos tomar a decisão agora? Porque o tempo para escolher logo chegará ao fim. Enquanto ficamos de olho nas notícias, cada vez mais parece que os últimos dias se aproximam. O principal sinal de que o Dia se aproxima acontecerá na Síria. Isaías profetizou que haveria um dia em que Damasco seria totalmente aniquilada: "Eis que Damasco deixará de ser cidade e será um montão de ruínas" (17:1). Até recentemente, a maioria das pessoas no mundo nunca tinham ouvido falar sobre Damasco. Aqueles que já tinham, a conheciam como "Cidade do Jasmim", com uma cultura incrível e moderna. Contudo, agora, sendo o centro do conflito da Síria, a cidade está nas capas dos jornais quase diariamente. Como as hostilidades não apenas continuam, mas também aumentam, não é difícil imaginar uma eventual destruição dessa antiga cidade.

Os tempos estão avançando. O Senhor está colocando todos os jogadores em posição e preparando o campo para o jogo. Um dos exemplos da logística da Obra de Deus, que teria sido inédito há apenas uma década, está relacionado aos planos para um projeto sob o mar Mediterrâneo. Este será o duto subaquático mais longo do mundo, indo de Israel até a Itália. O duto irá transportar gás natural dos campos de gás, recentemente encontrados, até a União Europeia. Parece maravilhoso, não é mesmo? Se você não for russo, parece mesmo. O que Putin e seus camaradas enxergam é uma nação arrogante, que está roubando seus clientes. A Rússia, cuja economia já está abalada, não pode se dar ao luxo de perder o mercado europeu. Eles não irão simplesmente sentar e observar seu maior cliente ser levado embora.

Há três verdades que se tornam evidentes quando observamos os eventos atuais. Primeira, os eventos profetizados na Palavra de Deus estão ganhando forma ao nosso redor. As novas ideias e planos dos líderes mundiais de hoje já são conhecidos e citados por Deus há 2.800 anos. Não há nada que possa ser feito para pegar Deus desprevenido. Não há estratégia que possa ser implementada que Ele já não tenha considerado. O rei Salomão escreveu: "Como ribeiros de águas assim é o coração do rei na mão do Senhor; este, segundo o seu querer, o inclina" (Pv. 21:1). Quando presidentes, reis e primeiros-ministros acreditam que estão exercendo o próprio poder e autoridade, na verdade, eles estão seguindo os planos de Deus.

Segunda verdade: há uma cortina de fumaça enganosa em torno dos eventos mundiais para confundir as pessoas. Elas estão comprando as mentiras declaradas pela mídia e pelos políticos. Um exemplo relacionado às *fake news* são os ataques químicos, feitos pelo presidente sírio Bashar al-Assad contra o seu próprio povo. Algumas pessoas podem dizer: "É claro que ele fez isso, esse é o tipo de pessoa que ele é", enquanto outras dizem: "Como você pode dizer isso? Ele nunca faria isso com o seu povo".

Até mesmo os cristãos são pegos nessa polarização e acabam lutando uns contra os outros. Mas, por quê? É tão surpreendente assim que a Síria ataque seu próprio povo? Vou lhe contar um segredo aqui, mas você tem que prometer que ficará entre nós: eu sei o nome do piloto sírio que lançou as bombas químicas em seu próprio povo. Eu sei o nome da aeronave. O governo israelense sabe o endereço e o número do telefone dele. Nós sabemos de onde ele decolou, quando ele fez isso, e temos um vídeo dele lançando as bombas. E mesmo assim, os cristãos ainda discutem se essas coisas aconteceram ou não. Por que deixamos Satanás nos dividir pela política e opiniões?

Ainda assim, em meio a toda essa divisão e engano, nós podemos ver um agir tremendo do povo de Deus para mostrar o Seu amor. No Domingo de Ramos de 2017, houve um ataque terrível no Egito. O grupo terrorista ISIS (Estado Islâmico) atacou duas igrejas coptas. As explosões das bombas mataram 47 pessoas e feriram pelo menos 109.³ Quantas vidas perdidas, quantos corpos mutilados. No entanto, como foi que os líderes da igreja copta responderam a isso? Acredite se quiser, eles agradeceram ao ISIS. Você deve estar se perguntando como isso é possível depois de uma atrocidade dessas. Primeiro, eles agradeceram aos terroristas por mandarem 47 pessoas para os braços de Jesus. No momento da explosão, aqueles que morreram viram o seu Salvador face a face. Segundo, desde o ataque, as igrejas ficaram totalmente lotadas. Todos que estavam com preguiça de ir louvar ao Senhor agora estão indo correndo para a igreja.

E, como se agradecer aos seus inimigos não fosse o suficiente, os líderes da igreja copta seguiram dizendo àqueles que os atacaram: "Nós amamos vocês". Eles disseram aos extremistas que entendiam que eles estavam presos na mentira e que não conheciam a verdade. Por último, os líderes da igreja deram um passo ainda mais adiante. Eles disseram: "E nós nos comprometemos a orar por vocês".⁴ Isso materializou as palavras de Jesus no Sermão do Monte: "Eu, porém, vos digo: amai os vossos inimigos e orai pelos que vos perseguem; para que vos torneis filhos do vosso Pai celeste, porque ele faz nascer o seu sol sobre maus e bons e vir chuvas sobre justos e injustos" (Mt. 5:44-25). Esses irmãos e irmãs da igreja copta se mostraram filhos e filhas do seu Pai que está no céu, e embaixadores do amor do seu Salvador.

Para aqueles de nós que são cristãos, a morte, de fato, perdeu o seu poder de ferir. Cristo, que vive em nós, permite que amemos os nossos inimigos e oremos por aqueles que nos fizeram mal. Isso acontece pois conseguimos ver o cenário como um todo. Nós não nos perdemos na cortina de fumaça e engano. Nós sabemos que, para nós, "o viver é Cristo, e o morrer é lucro" (Fp. 1:21). Nós não devemos mais temer a morte. Quando a nossa hora chegar, nós podemos ir contentes em direção à noite escura, pois a luz da eternidade estará esperando por nós.

A terceira verdade, que nós aprendemos observando os eventos atuais, é que Deus está se revelando para as pessoas no mundo todo. Há mudanças acontecendo no coração das pessoas, e o Evangelho está encontrando uma maneira de alcançar lugares que nunca havia alcançado antes. Essa é a mão de Deus diretamente em ação. Eu recebo centenas de e-mails e mensagens todos os dias, de todas as partes de mundo: Malásia, Filipinas, Japão, América do Norte, Austrália, Israel, Europa etc. O que muitas dessas pessoas escrevem é "Amir, estou tendo visões", ou "Amir, eu continuo sonhando com isso". O profeta escreveu:

> E acontecerá, depois,
> que derramarei o meu Espírito sobre toda a carne;
> vossos filhos e vossas filhas profetizarão,
> vossos velhos sonharão,
> e vossos jovens terão visões;
> até sobre os Meus servos e sobre as minhas servas
> Derramarei o Meu Espírito naqueles dias. (Joel 2:28-29)

Essas pessoas que me escrevem dizem que Deus falou com elas de maneira clara, declarando: "Eu voltarei logo". Pessoas na China, no México e na Nova Zelândia estão recebendo a mesma mensagem, sem se comunicarem umas com as outras. **Deus está agindo. Deus está falando. Deus voltará logo.**

À medida que lemos os jornais e assistimos à televisão, o contraste se torna evidente. Por um lado, tudo parece estar desmoronando. As notícias irão dizer a você, todas as noites, que estamos todos condenados, e que um holocausto nuclear pode acontecer em breve. Por outro lado, quando olhamos através das lentes das Escrituras, tudo está sendo direcionado para o devido lugar. Os colunistas dos jornais não conseguem enxergar isso. Eles estão tentando dar sentido ao que está acontecendo sem a capacidade de compreensão. É como se uma criança tentasse explicar física quântica; ela simplesmente não teria capacidade para fazer isso. Quando olhamos para os eventos que estão acontecendo no mundo pela ótica bíblica, nós encontramos a chave para desvendar a verdade.

"Mas, espere um pouco", você pode dizer, "as notícias e a Bíblia são duas coisas diferentes. Essas notícias são de agora, a Bíblia é história e foi escrita há milhares de anos." É verdade, a Bíblia é história, mas ela também é história de Deus. É a história do plano de Deus para a Terra, desde o seu início até o seu fim. Nas páginas das Escrituras, você encontrará o que era, é e há de vir. Na verdade, o que você vê acontecendo em muitas nações, hoje, vem direto da Bíblia.

"Espera aí, Amir. Você está me dizendo que a Rússia está na Bíblia?" Sim! "Vai me dizer que o Egito e a Etiópia estão na Bíblia?" Sim e sim! "O Irã, a Turquia e o Sudão também?" Sim, sim e sim! Muito do que podemos ver ao nosso redor, com o crescimento das potências mundiais e suas alianças, vem direto das páginas das profecias bíblicas.

Ezequiel, capítulo 38, nos conta sobre as intenções malignas da Rússia, descrevendo como a nação de Rôs será levada a Israel como se um gancho tivesse sido colocado em sua mandíbula. Rôs descerá, não com um propósito de paz, mas para roubar. Hoje, os russos são a principal peça na guerra civil da Síria. Eles nem tentam esconder o fato de que estão lá principalmente pelo gás e pelo petróleo. O único porto marítimo de águas quentes da Rússia, que dá acesso ao Mediterrâneo e ao Oriente Médio, está na Síria. É por isso que a Rússia protege o governo de Bashar al-Assad.

Quem Ezequiel diz que vai ser aliado de Rôs? Ninguém menos que a Pérsia, atualmente conhecida como Irã. O objetivo dos iranianos é se posicionar na fronteira da Síria com Israel, para que, quando o ataque vier, eles estejam preparados para atacar o estado judaico. Além disso, nessa aliança russa também estão o Sudão e a Líbia, uma vez que a Rússia possui interesse nos campos de petróleo da Líbia há muito tempo. Eles estão procurando desculpas para entrar na Líbia. Petróleo, gás, Rússia, não é nenhuma surpresa que estejam todos conectados novamente.

Ao lado de Israel contra esses inimigos está a Jordânia e, em alianças mais recentes e não oficiais, a Arábia Saudita e o Egito. Surpreendentemente para muitos, os sauditas assinaram um acordo secreto com Israel que diz: "Se quiser atacar o Irã, fique à vontade para utilizar nosso espaço aéreo".[5] Os sauditas adicionaram uma condição prometendo que, se Israel admitisse esta aliança, eles iriam negá-la e denunciar Israel à ONU. Essa aliança secreta com a Arábia Saudita é citada na Bíblia? Não, mas muito antes dessa região ser chamada de Arábia Saudita, ela era chamada de Sabá e Dedã. "Sabá e Dedã, e os mercadores de Társis, e todos os seus leões novos te dirão: Vens tu para tomar o despojo? Ajuntaste o teu bando para arrebatar a presa, para levar a prata e o ouro, para tomar o gado e as possessões, para saquear grandes despojos?" (Ez. 38:13). A Arábia Saudita não irá participar do ataque contra Israel, por serem aliados, mas também não irá tentar impedir que isso aconteça. Eles ficarão prontos para recolher os despojos do que presumirão ser uma nação devastada.

Quem estará ao lado dos sauditas, prontos para recolher os despojos? Os mercadores de Társis e seus leõezinhos (leões novos) – a Europa (o lar da cidade de Társis) e os Estados Unidos (a jovem nação feroz que nasceu da Europa). Há 2000, 3000 ou mesmo 4000 anos, Deus já conhecia a identidade desses personagens no cenário político atual. Ao utilizar os nomes dos países daqueles tempos, Ele nos explicou exatamente quais são os Seus planos para o futuro.

Os sinais dos tempos

Um dia, em meio a toda agitação louca do Seu ministério, Jesus descansou. Ele saiu do templo, foi para um dos portões, nos muros de Jerusalém, e foi até o Monte das Oliveiras. Lá, Ele sentou sozinho e contemplou a vista da Cidade Santa. Se Ele estava pensando, orando ou apenas apreciando o silêncio, nós não sabemos. O que sabemos é que o Seu momento de privacidade não durou muito. Os discípulos haviam ficado incomodados com algo que Jesus acabara de dizer a eles no templo. Eles estavam extasiados com a beleza do templo. Entretanto, ao invés de admirar a estrutura magnífica diante deles, o Senhor disse: "Não vedes tudo isto? Em verdade vos digo que não ficará aqui pedra sobre pedra que não seja derribada" (Mt. 24:2).

Atordoados, os discípulos se aproximaram Dele buscando respostas. "Dize-nos quando sucederão estas coisas e que sinal haverá da tua vinda e da consumação do século" (versículo 3).

Ao invés de rejeitá-los ou pedir para ter um pouco de "tempo para Mim", Jesus deu-lhes uma resposta incrível. Ele contou-lhes que as pessoas iriam tentar enganá-los, alegando que Cristo havia voltado. Guerras e rumores de guerra fariam as pessoas tremerem em suas sandálias, mas que os discípulos não precisavam ter medo. "Porquanto se levantará nação contra nação, reino contra reino, e haverá fomes e terremotos em vários lugares; porém tudo isto é o princípio das dores" (versículos 7 e 8). Jesus disse que o mundo ficará violento e perigoso, mas isso será apenas o início.

Dê uma olhada para o mundo hoje. Jesus descreveu o nosso tempo? Os terremotos continuam aumentando. Apenas nos últimos seis anos, nós vimos grandes erupções vulcânicas no Monte Etna, na Itália; Monte Sinabung e Monte Kelud, na Indonésia; Monte Ontake, no Japão; e Monte Calbuco, no Chile. Em 2018, o Volcán de Fuego entrou em erupção na Guatemala, matando 190 pessoas. Mais tarde naquele ano, o infame vulcão Anak Krakatoa entrou em erupção na Indonésia, o que causou um tsunami que matou 450 pessoas e feriu mais de 14 mil.[6] A fome também continua a crescer. A ONU declarou condição de fome no Sudão do Sul, Iêmen, Nigéria e Somália.[7] Essa falta de comida desesperadora não se deve às condições climáticas, mas em sua maioria é resultado da corrupção absurda dos governos. Tudo que Jesus descreveu já existe hoje em dia em nosso mundo, e em uma intensidade cada vez maior.

Como você se sente quando lê as notícias? Você fica nervoso? Você perde o sono de preocupação durante a noite? Vou lhe dizer uma coisa, não há motivos para perder o sono. Eu moro em um país muito seguro. No entanto, eu também vivo em uma nação que é odiada pela maioria das pessoas que nos cercam. Em muitas ocasiões, meu dia foi interrompido por algum aplicativo no celular me avisando que bombas foram disparadas de Gaza ou da Cisjordânia contra Israel. Imagine se bombas fossem frequentemente lançadas em seu país. Apesar disso, eu durmo como um bebê todas as noites. A minha paz vem do fato de que, mesmo se um foguete atravessasse o nosso sistema de defesa contra mísseis – o Domo de Ferro – e aterrissasse no telhado da minha casa, minha família e eu acordaríamos na presença do nosso Salvador. No tempo vindouro, quando a Rússia finalmente decidir tomar o que pertence a Israel, eles podem lançar quantas bombas quiserem na minha casa. Minha família e eu não estaremos lá. Nós vamos experimentar nossos novos corpos junto com o restante da Igreja arrebatada.

As notícias são desoladoras, e o mundo está em declínio. A Bíblia diz que, quando começarmos a ver essas coisas acontecerem, não podemos abaixar a cabeça e ficar tristes. Em vez disso, levante a cabeça, pois a sua redenção se aproxima. Isso o anima? Bom, deveria. Jesus está voltando para buscar Sua Igreja, e nós poderíamos encontrá-Lo nas nuvens a qualquer momento.

CAPÍTULO 2
A FIGUEIRA E A ÚLTIMA GERAÇÃO

HÁ ALGUM TEMPO, EU ESTAVA JANTANDO NA CASA DE UM amigo nos Estados Unidos. Depois da nossa refeição, todas as louças foram levadas para a cozinha, e pudemos ouvir os sons familiares das louças sendo lavadas após o jantar. Meu amigo e eu nos retiramos para a sala de jantar e começamos a ouvir o barulho do triturador de alimentos, vindo da cozinha. "Há uma semana, você não teria ouvido esse barulho", disse ele. Intrigado, eu pedi que ele contasse o ocorrido.

Fazia uma semana que o triturador de lixo havia emperrado. Não era a primeira vez, então ele começou a limpeza rotineira do triturador. Primeiro, ele deslizou a mão pelo ralo da pia, para garantir que não havia nada obstruindo o encanamento. Não havia. Depois, ele verificou embaixo da pia, se certificando de que estava tudo ligado na tomada. Por último, ele pegou uma vassoura e utilizou o cabo para tentar mover as lâminas, mas elas não se mexiam. Estava começando a parecer que essa situação não tinha solução enquanto ele ficava ali parado, com a mão fedendo e uma vassoura com "cicatrizes". Ele se deu por vencido e chamou o encanador. Três horas depois, o encanador chegou. Antes mesmo de dar uma olhada no triturador, o encanador perguntou:

– Você apertou o botão de *reset*?

– O quê?

O encanador abriu o armário e se ajoelhou, felizmente puxando as calças para cima antes de fazer isso. Ele colocou a mão atrás do triturador, ficou em pé, abriu a torneira e apertou o botão. O triturador voltou à vida. Foi assim que meu amigo aprendeu que o seu triturador de lixo tinha um botão de resetar. Isso lhe custou apenas 3 horas, 120 dólares e toda a sua dignidade masculina.

Para que possamos verdadeiramente entender o que o Senhor está nos dizendo, nos Evangelhos e no restante da Bíblia, nós precisamos apertar o nosso botão de *reset*. Trazemos tantas tradições e pressuposições para nossa interpretação bíblica que, frequentemente, achamos difícil simplesmente ler a Bíblia como ela está escrita. Portanto, antes de prosseguir com a leitura, erga seu dedo, encoste-o ao lado da sua cabeça e pressione firme. Pronto! Você acabou de resetar seu cérebro. Agora pode continuar a sua leitura.

É muito importante entender que quando Jesus veio à Terra, há dois mil anos, Ele o fez como um judeu e para o povo judeu. Você ficaria surpreso em saber quantas pessoas não sabem desse fato. Eu conduzo excursões com as pessoas por Israel, onde podemos ver igrejas na maioria dos lugares históricos. Algumas vezes, elas me puxam de lado e perguntam qual delas Jesus frequentava. "Amir, Jesus era católico, ortodoxo ou anglicano?" "Nenhum dos dois", eu respondo, "pois Jesus era 100% judeu".

Quando Jesus ensinou aos Seus discípulos judeus, muitas vezes fez isso em Jerusalém, a capital de Israel. Jerusalém era a capital na época e ainda é, não importa o que o restante do mundo diga. Na verdade, tem sido a capital de Israel desde que Davi assim decretou, há três mil anos. Portanto, Jesus, como judeu, ensinou coisas judaicas ao povo judeu. Os assuntos sobre os quais seus discípulos perguntavam também eram completamente judaicos por natureza. Eram assuntos relacionados ao templo, ao Messias e aos últimos dias. Os gentios não se interessavam muito por essas coisas. Com o que eles se importavam de fato? Acreditar em um só Deus? Com um templo estranho onde não havia esculturas de nenhuma divindade? Com ficar sentado sem fazer nada em um dia específico da semana? Com crenças estranhas sobre os últimos dias? Esses eram os assuntos sobre os quais os judeus queriam aprender.

A parábola da figueira

Em Mateus 24 e Lucas 21, nós lemos que Jesus levou seus discípulos para o Monte das Oliveiras, que tinha vista para o templo. Essa era uma vista poderosa. Os discípulos começaram a pensar e perguntaram para Jesus coisas de importância genuína, as quais Ele recebeu bem. Ajuntando-os, Ele levou certo tempo para explicar os eventos daquela era e da futura.

Não é incrível como podemos nos achegar a Deus para buscar a verdade, e Ele nunca nos dará as costas? Tiago nos diz que, se uma pessoa está com algum problema, deve pedir ajuda "a Deus, que a todos dá liberalmente e não censura; e ser-lhe-á concedida" (Tg. 1:5). Se tivermos que tomar uma grande decisão, ou se precisarmos de ajuda para entender uma passagem bíblica complicada, o Espírito Santo estará lá para nos guiar e revelar Sua verdade para nós.

Jesus respondeu às perguntas dos discípulos em uma passagem que ficou conhecida como *O Sermão do Monte das Oliveiras*, pois foi proclamado no Monte das Oliveiras. Esse sermão pode ser encontrado em Mateus 24 e dividido em duas partes: o futuro de Israel (em Mateus 24:4-31), e o futuro da Igreja (em Mateus 24:32-51). Na primeira parte, Jesus fala aos discípulos sobre os judeus. Na segunda, Ele fala com eles como membros de uma futura igreja.

Bem no meio dessas duas passagens muito importantes há como se fosse uma pequena pausa; são quatro versos extraordinários e de muito significado. Aqui, Jesus nos conta a parábola da figueira:

> Aprendei, pois, a parábola da figueira: quando já os seus ramos se renovam e as folhas brotam, sabeis que está próximo o verão. Assim também vós: quando virdes todas

estas coisas, sabei que está próximo, às portas. Em verdade vos digo que não passará esta geração sem que tudo isto aconteça. Passará o céu e a terra, porém as minhas palavras não passarão. (Mateus 24:32-35)

O primeiro ponto importante a reconhecer é que Jesus disse que isso é uma parábola. Isso não é uma aula de horticultura. Isso não é uma revista para fazendeiros. Jesus está contando uma história sobre algo que representa alguma coisa a mais.

Ele também diz que, quando as folhas começam a brotar, o verão está próximo. Essas palavras são importantes. Elas não significam apenas uma ansiedade para que o verão chegue logo. Não há dúvida de que uma árvore com folhas brotando significa que a primavera está prestes a sair de cena e dar lugar a uma estação mais quente. Novamente, Jesus diz que quando "virmos" esses sinais, saberemos que o tempo está próximo. Você não irá simplesmente ouvir sobre uma figueira ou pensar sobre ela, ou talvez sonhar com ela. Você, com seus próprios olhos, irá reconhecer esses sinais e saber sobre as suas implicações.

Mais uma vez, esses versículos servem como uma transição entre a mensagem de Jesus aos judeus e a Sua mensagem à Igreja. É aqui que Jesus muda a conversa com os discípulos, falando a eles primeiramente como o primeiro público e depois como o segundo. Eles não são apenas judeus, eles também são parte da família de Deus.

Quando a Igreja começou, ela era principalmente judaica. Demorou até Atos, capítulo 15, e o Concílio de Jerusalém para que os judeus que criam em Cristo descobrissem o que fazer com esses gentios, que começaram a chegar lá e a comer suas lagostas e bacon. Aqueles de nós que são judeus que creem em Cristo devem viver nos dois mundos. Etnicamente, eu sou judeu, mas Israel não é o lugar ao qual minha verdadeira nacionalidade pertence. Assim que me tornei cristão, minha cidadania mudou – eu recebi um novo passaporte. "Pois a nossa pátria está nos céus, de onde também aguardamos o Salvador, o Senhor Jesus Cristo, o qual transformará o nosso corpo de humilhação, para ser igual ao corpo da sua glória, segundo a eficácia do poder que ele tem de até subordinar a si todas as coisas" (Fp. 3:20-21).

Sim, nós como cristãos temos uma cidadania terrestre, mas a nossa lealdade é ao Reino de Deus. Somos apenas peregrinos nesta terra. Quando o nosso tempo na Terra acabar, nós iremos para a nossa verdadeira casa.

Quanto tempo tem uma geração?

Qual é o propósito da parábola da figueira? É identificar qual é a geração que não passará antes que o mundo, como o conhecemos, se dirija a uma conclusão. Se pararmos para pensar sobre o assunto, isso é muito empolgante. Imagine fazer parte da última geração que verá o plano final de Deus acontecendo. No entanto, o que significa fazer parte da geração que não passará? Antes de responder a essa dúvida, temos uma pergunta ainda mais trivial para responder: O que é uma geração? Pode parecer simples, mas muitos vêm tendo dificuldade com a definição dessa palavra crucial ao longo dos anos.

Alguns dizem que uma geração depende da longevidade da humanidade. Em outras palavras, é a duração de uma vida humana. Enquanto pregava na Antioquia da Pisídia, Paulo equiparou a palavra "geração" ao tempo de vida de Davi. Ele disse: "tendo Davi servido à sua própria geração, conforme o desígnio de Deus, adormeceu, foi para junto de seus pais e viu corrupção" (At. 13:36). Neste contexto bíblico, a geração começa com a concepção e termina com a morte.

Sim, a vida realmente começa na concepção. Davi, o salmista, escreveu: "Os teus olhos me viram a substância ainda informe, e no teu livro foram escritos todos os meus dias, cada um deles escrito e determinado, quando nem um deles havia ainda" (Sl. 139:16). O plano de Deus para todas as pessoas começa antes de serem formadas no ventre. Conheço um homem que fez um tratamento para fertilização com a sua esposa. Logo antes do procedimento, no qual os óvulos fertilizados foram colocados no útero, esse futuro pai foi levado ao microscópio. Lá, ele viu sua filha de seis dias, depois da concepção. Ela era praticamente apenas um amontoado de células. Agora, ela tem 18 anos de idade e está se preparando para ir para a faculdade. O que ele viu no microscópio não era menos humano – nem menos vida – do que aquela que ele estava prestes a assistir subindo ao palco para receber o diploma do ensino médio.

Biblicamente, não há debates de pró-vida *versus* pró-escolha. O oposto de pró-vida é pró-morte. É isso que a cultura mundial do aborto promove. Moisés, um pouco antes de morrer, chamou o povo de Israel e os ofereceu uma escolha. "Os céus e a terra tomo, hoje, por testemunhas contra ti, que te propus a vida e a morte, a bênção e a maldição; escolhe, pois, a vida, para que vivas, tu e a tua descendência" (Dt. 30:19). Com Deus, a escolha é sempre a vida.

De acordo com a teoria de que uma geração significa a extensão da vida de uma pessoa, uma geração é a média de vida de um grupo de pessoas que estão vivas ao mesmo tempo. Antes do dilúvio bíblico, a média de vida da humanidade era de 900 anos. Você consegue imaginar isso? Conhecer alguém na rua, perguntar a sua idade, e a pessoa responde: "Tenho uns 600 anos. É difícil lembrar direito depois de tanto tempo".

"Seiscentos anos? Eu nem consigo me lembrar dos meus seiscentos anos, eles já se foram há muito tempo", você responde. "Quando acendemos as velas do meu último bolo de aniversário, minha casa pegou fogo".

Não sei você, mas eu não quero viver tanto tempo neste corpo. Eu nem atingi a metade de um século de vida ainda e já estou bem cansado. Estou pronto para o corpo incorruptível que vou ganhar quando Jesus voltar.

Uma segunda opção sobre como determinar a duração de uma geração é utilizar o que chamamos de "geração do deserto". Nela, utiliza-se o tempo da peregrinação do povo hebreu no deserto como definição. Quando o povo de Israel se recusou a confiar em Deus e a entrar na Terra Prometida, Ele jurou puni-los:

> Certamente, os varões que subiram do Egito, de vinte anos para cima, não verão a terra que prometi com juramento a Abraão, a Isaque e a Jacó, porquanto não perseveraram em seguir-me, exceto Calebe, filho de Jefoné, o quenezeu, e Josué, filho de Num, porque perseveraram em seguir ao Senhor. Pelo que se acendeu a ira do Senhor contra Israel, e fê-los andar errantes pelo deserto quarenta anos, até que se consumiu toda a geração que procedera mal perante o Senhor. (Nm. 31:11-13)

Um período de 40 anos foi exigido da geração desobediente, dos dias de Moisés, para morrer no deserto.

Contudo, aqueles que acreditam no conceito de 40 anos de peregrinação não estão considerando a idade total daqueles que pecaram contra o Senhor. A maldição foi lançada contra aqueles que já tinham 20 anos ou mais. Depois que o período de 40 anos do julgamento foi concluído, não havia nenhum homem com mais de 60 anos de idade, a não ser Josué e Calebe. Este teria que ser o número utilizado para determinar a duração de uma geração – 20 mais 40. Mas 20 era apenas o mínimo. Pode ter havido pessoas que viveram muito mais tempo. Se alguém tivesse 50 anos quando o julgamento de Deus foi anunciado, essa pessoa teria vivido até os 90 anos antes de morrer no deserto. Também havia aqueles fora do padrão. Arão morreu aos 123 anos, Moisés alcançou seus 120 anos, Josué tinha 110 anos quando morreu e Calebe por volta de 85 anos.

Acredito que a resposta para a questão sobre a geração está em Salmos. No salmo 90, encontramos um poema especial. Este é o salmo mais antigo da Bíblia, além de ser o único escrito por Moisés. Aqui, este grande profeta escreveu: "Pois todos os nossos dias se passam na tua ira; acabam-se os nossos anos como um breve pensamento. Os dias da nossa vida sobem a setenta anos ou, em havendo vigor, a oitenta; neste caso, o melhor deles é canseira e enfado, porque tudo passa rapidamente, e nós voamos" (Sl. 90:9-10).

Se houvesse alguma dúvida de que Moisés era judeu, seria apenas preciso ler essa deprimente passagem. Os dois versículos são como um longo gemido. O que vale a pena observar aqui é o tempo de vida que Moisés estabelece. Em nossos dias, seria 70 anos, mas se você se exercitar, tomar cuidado com a ingestão de gordura e lembrar de consumir vitaminas, talvez você chegue aos 80 anos. Esse é o tempo médio de uma vida.

É parecido com a teoria do tempo de vida que vimos antes – Moisés descreve que uma geração vai do nascimento até a morte. As pessoas que viviam por mais tempo, antes do dilúvio, eram exceções. Na próxima vez que for à igreja, olhe em volta; você provavelmente conseguirá ver uma geração de pessoas. Verá recém-nascidos e alguns abençoados na casa dos noventa. Este é o tempo que dura uma geração, entre 70 e 100 anos.

As três árvores de Israel

Agora que estamos determinados a delinear o tempo de uma geração, precisamos identificar de quem é essa geração sobre a qual Jesus está falando. Há quem sugira que Ele estava falando sobre as pessoas que estavam vivas no tempo em que Ele contou essa parábola. Outros dizem que "geração" se refere ao povo de Israel em sua integridade. Entretanto, nenhuma dessas opções está correta, e o motivo é a identidade da árvore. A figueira, sobre a qual Jesus estava falando, é a própria Israel. Com base nesse fato, a geração de Jesus dificilmente poderia dizer que a Israel do primeiro século era terna e produzia folhas. Em vez disso, eles estavam sob a lei opressora de Roma. Na verdade, apenas quatro décadas depois de Jesus contar essa parábola, os romanos começaram a destruição de Jerusalém e do templo. Os próprios judeus estão desqualificados de ser a "geração". Lembre-se, eles são a figueira. Você não pode observar e ao mesmo tempo ser o sinal.

"Mas, Amir", você irá dizer, "onde Jesus diz que Israel é a figueira?" Ele não diz, mas os profetas dizem. Na Bíblia, a nação de Israel é comparada a três tipos de árvores diferentes: a videira, a oliveira e a figueira. A videira é o símbolo dos privilégios espirituais de Israel.

"Trouxeste uma videira do Egito, expulsaste as nações e a plantaste" (Sl. 80:8). Jesus, como judeu, não é apenas parte da videira, mas Ele mesmo é a verdadeira videira. Ele disse: "Eu sou a videira, vós, os ramos. Quem permanece em mim, e eu, nele, esse dá muito fruto; porque sem mim nada podeis fazer" (Jo. 15:5). Jesus é a videira, e nós, que estamos na igreja, somos os ramos, que carregam os frutos espirituais. Assim, tanto Israel quanto a Igreja possuem sua própria identidade, intimamente conectada com a videira.

O mesmo acontece com a oliveira: "Serei para Israel como orvalho, ele florescerá como o lírio e lançará as suas raízes como o cedro do Líbano. Estender-se-ão os seus ramos, o seu esplendor será como o da oliveira, e sua fragrância, como a do Líbano" (Os. 14:5-6). Essa árvore retorcida é o símbolo dos privilégios religiosos de Israel. Que bênção é para a Igreja poder ser enxertada nesta árvore, compartilhando dos privilégios dados a Israel. "Se, porém, alguns dos ramos foram quebrados, e tu, sendo oliveira brava, foste enxertado em meio deles e te tornaste participante da raiz e da seiva da oliveira, não te glories contra os ramos; porém, se te gloriares, sabe que não és tu que sustentas a raiz, mas a raiz, a ti" (Rm. 11:17-18).

Louvado seja o Senhor pois, aqueles de vocês que estão na Igreja, agora fazem parte das raízes e do tronco da oliveira. Abraão, o pai dos judeus, agora também é seu pai. O Antigo Testamento também é o seu livro agora. A Igreja está completamente incorporada em todas as tradições e escrituras da história judaica. No entanto, Paulo nos alertou: "Não deixe que isso lhe suba à cabeça, membro da igreja. Lembre-se, você foi enxertado neles, não o contrário."

Quando falamos da figueira, a história é outra: "Achei a Israel como uvas no deserto, vi a vossos pais como as primícias da figueira nova" (Os. 9:10). Esta árvore é o símbolo dos privilégios nacionais de Israel e, como tal, a Igreja não tem parte nisso. Não há assimilação, não há enxerto, pois é na figueira que encontramos a propriedade dos judeus sobre esse solo, sobre Jerusalém, e o seu retorno à terra natal. A igreja não pode *ser* a figueira, ela pode apenas *ver* a figueira.

Há muitas pessoas, dentro das igrejas, que querem ser como a figueira, querem ser judeus. De certo modo, eu consigo entender isso. Há pouco tempo, um amigo me mandou um e-mail contando que os pais dele fizeram um teste de DNA. Quando eles receberam os resultados, a mãe dele descobriu que o pai dela, o qual ela nunca havia conhecido, era 100% judeu, o que faz do meu amigo um quarto judeu. Eu respondi: "Que descoberta emocionante! Isso explica por que você é tão brilhante!" Entretanto, se você é daqueles que desejam ser judeus, vou sugerir que aponte esse anseio para outra direção. Você precisa apenas olhar um pouquinho para a História para perceber que ser judeu não é sempre o que parece ser.

Além disso, como um gentio, você não pode fazer parte da figueira, ou ser enxertado nela. Não importa o quanto você deseje ser judeu, você não pode ser um. Não está nos seus genes. Você pode desejar ter 1,95 m e ser um *linebacker* na NFL, mas nós dois sabemos que, se seus pais tinham 1,60 m, isso não vai acontecer. Isso é certo ou errado? Nenhum dos dois, isso apenas é o que é. Você pode fazer parte da oliveira e da videira, porque elas estão relacionadas aos privilégios espirituais e religiosos. Mas a figueira é sobre os privilégios nacionais, e esses privilégios pertencem ao povo da nação judaica.

Se você, como gentio, desejar ser judeu, então você está deixando de cumprir o seu papel vital no plano de Deus. Em Romanos 11, Paulo nos diz que você está aqui para provocar ciúmes nos judeus. Então, por que você está deixando eles provocarem ciúmes em você e querendo ser um judeu? Em vez disso, a igreja deveria estar mostrando a Israel o quão maravilhoso é ter uma relação próxima e pessoal com Deus; o relacionamento que o Senhor originalmente teve a intenção de ter com eles. Qual é o grande objetivo de despertar esse ciúme? De acordo com Paulo, é para "salvar alguns deles. Porque, se o fato de terem sido eles rejeitados trouxe reconciliação ao mundo, que será o seu restabelecimento, senão vida dentre os mortos?" (Rm. 11:14-15).

Se você ama os judeus, que maneira melhor de demonstrar isso do que abraçando o seu relacionamento íntimo, como igreja, com o Salvador do mundo e, dessa forma, cumprir o seu papel no plano de Deus de trazer salvação aos judeus?

O ramo que brotou

Voltando à figueira, uma vez que ela é uma parábola, nós entendemos que Jesus não está falando sobre uma figueira de verdade. Ele está se referindo à nação representada pela figueira. Ele diz: "Claro, eles serão espalhados e enfrentarão a morte. Eles serão odiados e rodeados pelos seus inimigos. A terra em si ficará desolada e infértil, mas haverá uma geração que verá a ressurreição dessa nação, representada pela figueira".

Historicamente, isso é exatamente o que aconteceu com Israel. A desolação da Terra Prometida começou com o cerco romano a Jerusalém e a destruição do templo em 70 d.C. Ela foi solidificada quando Júlio Severo, sob ordens do imperador Adriano, acabou com a Revolta de Barcoquebas em 135 d.C. Jerusalém foi renomeada para Élia Capitolina, e a Judeia se tornou a Síria Palestina. Esses eventos iniciaram o rápido declínio da nação, uma vez maravilhada por dignitários estrangeiros durante o tempo dos reis Davi e Salomão.

No início do século XX, a Judeia ainda era um terreno hostil, ocasionalmente contemplado com pântanos e malária. E ainda assim, Deus prometeu que isso mudaria. Aquela terra precisou apenas das palavras do próprio Deus para ser restaurada:

> Mas vós, ó montes de Israel, vós produzireis os vossos ramos e dareis o vosso fruto para o meu povo de Israel, o qual está prestes a vir. Porque eis que eu estou convosco; voltar-me-ei para vós outros, e sereis lavrados e semeados. Multiplicarei homens sobre vós, a toda a casa de Israel, sim, toda; as cidades serão habitadas, e os lugares devastados serão edificados. Multiplicarei homens e animais sobre vós; eles se multiplicarão e serão fecundos; fá-los-ei

habitar-vos como dantes e vos tratarei melhor do que outrora; e sabereis que eu sou o Senhor. Farei andar sobre vós homens, o meu povo de Israel; eles vos possuirão, e sereis a sua herança e jamais os desfilhareis. (Ez. 36:8-12)

Deus falou, e a terra morta voltou à vida. Mais tarde falaremos com detalhes sobre a recuperação incrível das terras de Israel. Essa terra infértil hoje exporta frutas e verduras para o mundo todo. Isso é prova do grande poder da Palavra de Deus.

Porém, há mais coisas relacionadas ao florescimento da figueira. Deus não apenas revitalizou a terra, mas também fez renascer a nação. Em Ezequiel 37, os escolhidos de Deus são relatados como um vale seco; um vale de ossos secos. Se você alguma vez já viu as fotos dos sobreviventes do holocausto, quando foram libertados pela primeira vez, é fácil identificar a metáfora do vale de ossos secos. Em Ezequiel, Deus disse ao profeta para profetizar:

> Portanto, profetiza e dize-lhes: Assim diz o Senhor Deus: Eis que abrirei a vossa sepultura, e vos farei sair dela, ó povo meu, e vos trarei à terra de Israel. Sabereis que eu sou o Senhor, quando eu abrir a vossa sepultura e vos fizer sair dela, ó povo meu. Porei em vós o meu Espírito, e vivereis, e vos estabelecerei na vossa própria terra. Então, sabereis que eu, o Senhor, disse isto e o fiz, diz o Senhor. (Ez. 37:12-14)

Novamente, Deus falou, e desta vez as pessoas voltaram à vida. Deus disse: "Eu não vou apenas dar-lhes vida, vou dar vida também ao solo de vocês". Não há uma pessoa no mundo que tenha uma explicação racional para como os judeus encontraram o caminho de volta para a própria terra e, em 70 curtos anos, a transformaram em uma potência mundial.

Espere um pouco! Você prestou atenção ao que eu disse sobre os 70 curtos anos? Em maio de 2018, Israel celebrou seus 70 anos. Quantos anos tem uma geração? Entre 70 e 100 anos.

Vou deduzir que todos vocês que estiverem lendo este livro, neste momento, estão vivos. Isso significa que você faz parte da geração que vê Israel de volta para sua terra. Você está vivo para ver a nação florescer. Você viu a obra milagrosa de Deus. Dependendo da sua idade, os seus avós ou bisavós ou tataravós nem imaginavam que isso iria acontecer. Na verdade, para eles, a restauração de Israel teria parecido impossível e motivo para dar risadas. Mesmo assim, aqui está – o renascimento de Israel é uma realidade em nossa geração.

Pela primeira vez, nós temos Israel e a Igreja vivendo e prosperando ao mesmo tempo. Quando a igreja surgiu, no século I, tanto Israel quanto a igreja estavam enfrentando dificuldades. E então, por muitos anos, a igreja foi forte, mas Israel estava espalhada. É por isso que muitas pessoas na igreja começaram a se preocupar que as profecias sobre a nação de Israel nunca se cumpririam. Eles decidiram tentar ajudar a Deus, dizendo "Nós somos Israel". Não, vocês não são. Permaneça no seu quadrado. A igreja é a igreja e Israel é Israel. Enquanto a igreja triunfava e os judeus passavam por dificuldades, Deus esperou o próprio tempo, dizendo: "Apenas esperem e vejam o que Eu vou fazer com o Meu povo, Israel. Quando Eu estiver pronto, a Minha igreja verá a Minha nação florescer. Eles saberão que é melhor começarem a olhar para os céus".

Somos a geração que viu este sinal.

Uma sólida não-profecia

Não temam. Mesmo podendo afirmar que acredito firmemente que nós somos a última geração, não tentarei adivinhar a data do retorno do Senhor. Como vimos, Jesus disse: "Mas a respeito daquele dia e hora ninguém sabe, nem os anjos dos céus, nem o Filho, senão o Pai" (Mt. 24:36). Infelizmente, há muitas pessoas tentando fazer previsões sobre essa data, inventando fórmulas ou dizendo que receberam uma "nova revelação". Elas estão basicamente dizendo: "Bendito seja, Jesus. Sinto muito que o Senhor não tenha conseguido descobrir a data, mas acho que tenho uma coisinha que pode Lhe ajudar".

Há uma boa razão para Jesus não ter dito: "Eu vou voltar em 27 de outubro de 2030". É porque Ele quer que você esteja pronto o tempo todo. Ele quer que você viva com essa esperança. Se Jesus nos tivesse dado uma data, provavelmente estaríamos vivendo como quiséssemos, ignorando o Reino de Deus até dia 26 de outubro. Neste dia, nós iríamos sair correndo e gritando a mensagem do Evangelho por aí, doando nossos bens e passando nossa última noite na Terra em uma longa reunião de oração. Tudo isso para mostrar a Jesus como temos sido fiéis. Na parábola das dez virgens, Jesus disse: "Vigiai, pois, porque não sabeis o dia nem a hora" (Mt. 25:13). O Senhor pode voltar a qualquer momento. Precisamos estar prontos para encontrar o Salvador.

Israel voltou ao cenário internacional como uma nação independente no dia 14 de maio de 1948. Nós estamos agora, desde essa data, na linha do tempo geracional ideal. Não estamos simplesmente nos últimos dias, nós estamos nas últimas horas dos últimos dias. Como vimos no capítulo anterior, a carta aos Hebreus começa: "Havendo Deus, outrora, falado, muitas vezes e de muitas maneiras, aos pais, pelos profetas, nestes últimos dias, nos falou pelo Filho, a quem constituiu herdeiro de todas as coisas, pelo qual também fez o universo" (Hb. 1:1-2). **Jesus veio, e a contagem para os últimos dias começou. A igreja está na expectativa desde então.**

Paulo estava convicto de que Jesus poderia vir e levá-lo a qualquer momento. Quando ele estava com os tessalonicenses, ele lhes disse: "tenho boas notícias, vocês não vão morrer". Ele foi embora, e alguns deles morreram. Aqueles que restaram, escreveram para ele dizendo: "Hum, Paulo, temos um problema aqui", e Paulo escreveu de volta:

> Não queremos, porém, irmãos, que sejais ignorantes com respeito aos que dormem, para não vos entristecerdes como os demais, que não têm esperança. Pois, se cremos

que Jesus morreu e ressuscitou, assim também Deus, mediante Jesus, trará, em sua companhia, os que dormem. Ora, ainda vos declaramos, por palavra do Senhor, isto: nós, os vivos, os que ficarmos até à vinda do Senhor, de modo algum precederemos os que dormem. Porquanto o Senhor mesmo, dada a sua palavra de ordem, ouvida a voz do arcanjo, e ressoada a trombeta de Deus, descerá dos céus, e os mortos em Cristo ressuscitarão primeiro; depois, nós, os vivos, os que ficarmos, seremos arrebatados juntamente com eles, entre nuvens, para o encontro do Senhor nos ares, e, assim, estaremos para sempre com o Senhor. Consolai-vos, pois, uns aos outros com estas palavras. (1 Ts. 4:13-18)

Paulo não viu a figueira florescer, e ainda assim ele tinha esperança. Quanta expectativa devemos ter, sabendo que somos parte da geração que viu os ramos tenros e as folhas florescerem? Enquanto observamos e aguardamos, nós devemos tratar dos negócios do nosso Pai. Em tempos de dificuldade, lembre-se do que Paulo disse em 1 Tessalonicenses 4:18 e confortem uns aos outros com as palavras dele.

CAPÍTULO 3
A PROGRESSÃO DA SEPARAÇÃO

Faça um pequeno experimento comigo. Pense na palavra *união*. Permita que ela permaneça na sua mente por um minuto. Que tipo de sensações você sente? Quais são as memórias que vêm à sua mente? Talvez seja uma risada com a família, reunida para o jantar em um feriado. Ou talvez a sensação de braços lhe envolvendo em uma noite fria, enquanto assa marshmallows no palito, em uma fogueira nas montanhas. Quaisquer que sejam seus pensamentos e sentimentos, é provável que eles sejam positivos. Deus nos criou como seres racionais, portanto, a união dialoga diretamente com quem somos como humanos.

Agora, faça o mesmo experimento com a palavra *separação*. Quais são as emoções que esse termo evoca? Provavelmente a sua reação foi bem diferente. Talvez seja o sentimento de vazio, de quando seus filhos saíram de casa, ou a amargura de um casamento que não deu certo, ou ainda a dor de perder alguém que você ama. Solidão, tristeza e luto normalmente acompanham a separação.

Quando Deus criou os céus e a terra, é provável que Ele nunca tenha tido a separação em mente. Depois de ter feito a terra, as águas e os céus, o Criador começou a povoá-los. Nos oceanos, cardumes de peixe cortavam as profundezas como uma mancha de tinta, enquanto um grupo de mamíferos pulava na superfície só para respingar água. Nos céus, bandos de pássaros migravam grandes distâncias, enquanto enxames de insetos zumbiam entre a vegetação. No solo, bandos e rebanhos percorriam os gramados. Isso continua sendo verdade até hoje – os membros da mesma espécie geralmente ficam juntos.

E então, veio o homem. Singular; dentre tantas espécies, ele era único. Deus soube de imediato que o Seu trabalho não estava pronto. Um último ato da criação era necessário para que Seu trabalho estivesse completo. "Disse mais o Senhor Deus: Não é bom que o homem esteja só; far-lhe-ei uma auxiliadora que lhe seja idônea" (Gn. 2:18). Deus fez Adão adormecer, e então pegou uma de suas costelas. Depois, com uma palavra, Ele transformou a costela sobressalente de Adão em uma costela principal. *União*, dada à humanidade como um presente.

Não somente havia união na humanidade, mas também havia um relacionamento entre Deus e o pináculo da Sua criação. Deus habitou com o homem. Havia uma perfeita paz e harmonia. Essa era a intenção de Deus. Isso foi o que Deus declarou ser bom. Infelizmente, não demorou para a humanidade começar a destruir a perfeição do Criador.

Por que Deus não impediu essa queda? Para que a humanidade tivesse um relacionamento verdadeiro com Deus, tínhamos que ter a opção de falhar. Ele não poderia ter nos criado como robôs ou autômatos. Não há nada de perfeito, ou que valha a pena, em um amor irracional ou um relacionamento que não seja por escolha. Deus nos deu uma escolha. Adão, juntamente com todos nós que descendemos dele, recebeu a opção de seguir a Deus ou se rebelar contra Ele. Todos nós, assim como Adão, escolhemos a rebelião. A alegria da união foi substituída pela dor da separação. De Gênesis 3 até o livro de Apocalipse, a Bíblia nos conta a história do plano perfeito de Deus para restaurar esse relacionamento que o nosso pecado destruiu.

Adão e Eva se separam de Deus

Como acabamos de ver, a primeira separação ocorreu quando Adão e Eva se rebelaram contra Deus. Tudo era perfeito até então. No jardim do Éden não havia templos. Isso não era necessário, pois Deus já estava lá. O que podemos observar o Senhor fazendo logo antes de o primeiro casal ter admitido o seu pecado? Ele estava caminhando pelo frescor do jardim. Como é possível imaginar isso? Deus é espírito e não possui carne ou ossos (Lucas 24:39). A caminhada dele pelo jardim pode ter sido uma teofania – uma manifestação física de Deus, que pode ser experienciada pelos sentidos.

Como um artista andando pela sua galeria, o Criador assumiu a forma da Sua criação e admirou a beleza que Suas mãos haviam criado. A implicação da passagem é que não era incomum para Adão e Eva passearem com Ele. Eles tinham uma relação de amizade e companheirismo com Deus.

E então, veio a serpente e, com ela, as mentiras, a mordida, o julgamento e a separação. "E, expulso o homem, colocou querubins ao oriente do jardim do Éden e o refulgir de uma espada que se revolvia, para guardar o caminho da árvore da vida" (Gn. 3:24). Primeiro, o pecado criou uma separação espiritual. Depois, o Senhor expulsou Adão e Eva do jardim, criando também uma separação física – uma que Ele se certificou de manter firme, colocando querubins para vigiar os portões. Com essa desconexão com Deus, veio também uma desconexão com a vida. Perceba que a árvore da vida ainda estava no jardim. Deus é quem dá a vida. Onde não houver relacionamento com Ele, não haverá vida.

O pecado é um separador. Isaías escreveu: "Eis que a mão do Senhor não está encolhida, para que não possa salvar; nem surdo o seu ouvido, para não poder ouvir. Mas as vossas iniquidades fazem separação entre vós e o vosso Deus; e os vossos pecados encobrem o seu rosto de vós, para que vos não ouça" (Is. 59:1-2). Nossos pecados colocam uma parede entre nós e Deus. É uma barreira sobre a qual não temos o poder de fazer nada sem a intervenção Dele.

Caim se separa da sua família

A próxima separação das Escrituras acontece quando Caim se separa da sua família. O Senhor reconheceu a profundidade da contaminação pelo pecado no coração de Caim. Ele alertou Caim sobre tornar-se uma presa fácil para Satanás. "Se procederes bem, não é certo que serás aceito? Se, todavia, procederes mal, eis que o pecado jaz à porta; o seu desejo será contra ti, mas a ti cumpre dominá-lo" (Gn. 4:7). Porém, Caim deixou o pecado dominá-lo e, quando a sua inveja ficou fora de controle, ele atacou o próprio irmão, Abel. As consequências desse primeiro assassinato fizeram com que Caim fosse banido de sua casa e da sua família.

Esse cenário é repetido inúmeras vezes pelas famílias de hoje. Quando o pecado entra em um lar, a separação geralmente vem em seguida. Pode começar com uma traição ou com pornografia no computador. Outra maneira também pode ser a violência, tanto física quanto verbal. Às vezes, o álcool ou o abuso de outras substâncias causam a separação. Quando Caim matou o seu irmão, Satanás conquistou duas vitórias; a primeira por destruir uma vida, e a segunda por destruir uma família. Em nossa cultura moderna, maridos e esposas devem tomar muito cuidado, pois o pecado está à porta, e ele anseia pela nossa família.

Noé se separa dos ímpios

No tempo de Noé, algo novo aconteceu. Até agora, vimos que os *ímpios* eram separados. Adão e Eva pecaram e foram separados de Deus. Caim pecou e foi separado da sua família. Entretanto, no tempo de Noé, Deus deu a esse paradigma uma virada de 180 graus.

O mundo havia se tornado uma bagunça. Deus olhou para a humanidade e se arrependeu da Sua perfeita criação. Como resultado disso, Ele tomou uma decisão difícil, porém necessária. "Disse o Senhor: Farei desaparecer da face da terra o homem que criei, o homem e o animal, os répteis e as aves dos céus; porque me arrependo de os haver feito" (Gn. 6:7). Deus estava prestes a dar um banho com duração de um ano no mundo, limpando-o de todo pecado e todos os pecadores. Ainda assim, havia um homem que se manteve impecável do restante da escória, coberta de lama "Porém Noé achou graça diante do Senhor" (versículo 8).

Deus pediu que Noé construísse um barco, o enchesse de animais e se segurasse firme. Quando Ele fechou a porta dessa arca, estava traçando uma linha clara, separando os que ficaram para a destruição e os abençoados com a salvação. Noé era um homem perfeito? Não, mas a graça de Deus supriu quaisquer que tenham sido os pecados que o separavam do seu Criador. Quando o tempo da ira de Deus sobre a Terra chegou, a arca ergueu Noé até um local seguro. A imagem dos justos sendo separados do mundo dos ímpios e sendo levados à segurança é algo que vamos experimentar novamente quando o Senhor nos buscar para encontrá-Lo no céu.

Abraão se separa de tudo que conhece

Em Gênesis 12, Deus faz promessas lindas a Abraão (na época, ainda chamado de Abrão). Ele disse:

> Sai da tua terra,
> da tua parentela
> e da casa de teu pai
> e vai para a terra que te mostrarei;
> de ti farei uma grande nação,
> e te abençoarei,
> e te engrandecerei o nome.
> Sê tu uma bênção!
> Abençoarei os que te abençoarem
> e amaldiçoarei os que te amaldiçoarem;
> em ti serão benditas todas as famílias da terra.
> (Versículos 1 a 3).

Que bênção incrível o Senhor prometeu aqui! Ele confiou a Abraão os dons da prosperidade, grandeza, bênçãos e proteção. Através de Abraão, todas as pessoas, do presente e do futuro, seriam abençoadas. Entretanto, para que isso acontecesse, havia algo que Abraão precisava fazer primeiro. Ele precisava se separar da sua casa e do seu povo.

Pare e pense sobre essa separação para a qual Deus estava chamando Abraão. Como você responderia se Deus lhe dissesse: "Eu tenho um futuro incrível planejado para você. Você só precisa deixar tudo o que você conhece e todos que você ama"?

Você está pronto para esse tipo de separação, se Deus o chamar para isso? Quando seguimos a Jesus, devemos estar dispostos a desistir de tudo por Ele. Jesus disse: "Se alguém vem a mim e não aborrece [ama mais a Jesus do que] a seu pai, e mãe, e mulher, e filhos, e irmãos, e irmãs e ainda a sua própria vida, não pode ser meu discípulo. E qualquer que não tomar a sua cruz e vier após mim não pode ser meu discípulo" (Lc. 14:26-27). Logicamente, ele não está nos dizendo que devemos, literalmente, odiar a nossa família para nos tornarmos discípulos. Na verdade, Ele está falando sobre o nosso coração. Nosso amor por Jesus deve ser tão grande que, ao ser comparado com nosso amor pelos demais, ele se empalideça. Devemos estar dispostos a nos separar de tudo e todos que nos impeçam de servi-Lo.

Comprometer-nos em servir a Deus e nos tornarmos disseminadores do Evangelho às vezes terá um preço. Algumas vezes, podemos ser levados a tomar decisões dolorosas. Entretanto, as recompensas que nos aguardam, presentes e futuras, quando estamos prontos para nos separar de tudo que nos afasta Dele, superam de longe qualquer tristeza temporária pelas coisas que deixamos.

Moisés se separa do Egito

A chegada de Moisés em cena foi marcada por inúmeras separações. A primeira foi quando Moisés foi separado do Egito.

Nascido durante um tempo de perseguição, Moisés foi resgatado pela filha do Faraó e levado ao palácio real. Contudo, ele sabia que era um hebreu e que não poderia simplesmente ignorar sua ancestralidade. Um dia, quando ele estava andando no meio do seu povo, ele se deparou com um egípcio que estava maltratando um escravo hebreu. Um fervor cresceu dentro de Moisés, e ele acabou golpeando e matando o egípcio.

Quando o assassinato que cometeu levou Moisés à lista egípcia dos dez criminosos mais procurados, ele fugiu da sua terra de origem e do seu povo, e foi para o deserto. Foi naquela região acidentada que Deus começou o processo de 40 anos da sua preparação para o que viria a seguir. Se Moisés tivesse ficado no conforto do seu lar egípcio, é pouco provável que ele estivesse pronto para responder quando Deus o chamou na sarça ardente. Às vezes, Deus nos separa da nossa rotina, do nosso conforto ou do que estamos acostumados para que Ele possa nos preparar para servi-Lo.

A próxima foi quando o Senhor, através de Moisés, separou todo o povo hebreu do Egito. O faraó se recusou a ceder, mesmo com nove pragas que pioravam progressivamente. Em resposta a isso, Deus trouxe a décima, a praga mais escandalosa e angustiante de todas. Em uma noite, todos os primogênitos nascidos egípcios – humanos e animais – foram aniquilados. Choros de partir o coração ressoaram por toda a nação à medida que, família após família, todos assistiram desesperadamente a seus filhos, pais, avós – e qualquer um que fosse o primeiro de um mesmo ventre – dar o último suspiro.

Isso levou o faraó a agir rápido. Ele chamou Moisés e Arão na mesma noite, e disse: "Levantai-vos, saí do meio do meu povo, tanto vós como os filhos de Israel; ide, servi ao Senhor, como tendes dito. Levai também convosco vossas ovelhas e vosso gado, como tendes dito; ide-vos embora e abençoai-me também a mim" (Êx. 12:31-32). "Saiam", disse ele, "Vão para o mais longe de mim possível, e levem os pertences de vocês. Nunca mais quero vê-los na minha frente. Ah, sim, você poderia me abençoar antes de ir?" O povo de Deus havia sido escravizado e não tinha mais esperança, mas o Senhor os separou dos seus opressores e os libertou.

Seguindo com o êxodo, Deus procedeu com a separação de Israel do mundo pagão. O Egito era uma cultura politeísta, com um panteão lotado de deuses. O Senhor tirou os hebreus daquela terra de adoradores de ídolos, estabelecendo para Si mesmo um povo que adoraria somente a Ele. Infelizmente, você até pode tirar um israelita do Egito, mas é muito mais difícil tirar o Egito de um israelita.

Quando as pessoas chegaram ao Sinai, Moisés desapareceu nas montanhas por um tempo. O povo esperou ali em volta e, depois de algumas semanas, eles começaram a ficar agitados. Eles disseram: "Quer saber, já faz quase um mês desde que esse senhor de 80 anos subiu o monte, sem comida e sem água. Há uma grande chance de ele nem voltar mais". Nós vamos dar uma boa olhada nessa história daqui a alguns capítulos, mas basta dizer que, um bezerro de ouro depois, Moisés não era um campista feliz. Ele quebrou as tábuas de pedra que Deus havia acabado de entregar a ele, destruiu o bezerro, derreteu e moeu o ouro, e mandou que o povo o bebesse.

A história não acaba aí. O povo estava zangado. Eles provaram o gosto do pecado e agora queriam uma refeição completa. Moisés podia ser poderoso, mas ele estava enfrentando uma multidão frenética e cheia de luxúria. Ele ficou de pé na entrada do acampamento e bradou: "Quem é do Senhor venha até mim" (Êx. 32:36).

De todas as tribos, uma delas se destacou, a tribo de Levi. Moisés os cobrou dizendo: "Assim diz o Senhor, o Deus de Israel: Cada um cinja a espada sobre o lado, passai e tornai a passar pelo arraial de porta em porta, e mate cada um a seu irmão, cada um, a seu amigo, e cada um, a seu vizinho" (Êx. 32:27). E foi exatamente isso que fizeram. Aproximadamente 3 mil dos piores ofensores foram mortos naquele dia. Este incidente com o bezerro foi a última vez que vimos uma nação inteira adorar um ídolo, dentre os hebreus, até o tempo dos juízes, quando Josué e Moisés já não estavam mais entre eles.

Quando os levitas aceitaram o chamado de Moisés, outra separação aconteceu. Os israelenses não foram apenas separados do restante do mundo pagão, mas os levitas também foram separados do restante do povo. Foram eles que assumiram a liderança quando o povo precisou ser limpo dos próprios pecados e, como os levitas não tinham medo de colocar nem as próprias famílias na espada para defender a honra de Deus, o Senhor os honrou.

É por isso que a tribo de Levi foi escolhida para servir como sacerdotes da nação. Eles seriam os condutores do louvor e dos sacrifícios entre o povo e o seu Deus. Uma separação de verdade não está relacionada com fronteiras, ou raça, ou gênero, ou qualquer outra coisa. Tudo se resume a se você está do lado do Senhor ou não. Você foi separado para Deus ou foi separado para o mundo? Todo mundo está de um lado ou de outro; não existe meio termo.

A Igreja se separa da lei e do mundo

Dezesseis séculos depois de Moisés, Jesus veio ao mundo e tudo mudou. Quando falamos sobre os judeus anteriormente, o Senhor os estava separando de uma cultura pagã para o judaísmo. Agora, no início da era da igreja, Deus está separando-os novamente, mas desta vez do judaísmo tradicional. Tevye[1] pode cantar sobre tradição o quanto quiser, mas a tradição acabou. O relacionamento com Deus não é mais baseado em regras e leis. Jesus veio e disse que há apenas duas leis nas quais devemos focar: amar a Deus e amar uns aos outros. Se obedecermos a isso, seremos bem-sucedidos.

Esta é uma separação enorme, pois, do ponto de vista dos judeus, a obediência à lei era o ponto central do que significava ser um judeu. Então, Jesus veio e mudou os paradigmas de Deus, da lei para a graça. Até mesmo Pedro teve dificuldade com essa transição. Em certo momento, Pedro e Paulo estavam pregando juntos em Antioquia. Pedro estava feliz em cear com os judeus e os gentios ao mesmo tempo, o que era proibido pela tradição judaica. Todos da igreja eram como uma grande família feliz.

No entanto, quando um grupo de judeus, que vieram da igreja de Jerusalém, viu o que estava acontecendo, Pedro mudou seu coração

---

1 Tevye refere-se a Tevye the Dairyman, um personagem, narrador ficcional de histórias judaico-modernas.

repentinamente. Ele se separou dos gentios e foi comer na mesa onde só havia judeus. Aqueles *goyim* incircuncidados agora eram muito impuros para se comer com eles. Na verdade, quem esses gentios pensavam que eram, entrando rodopiando pela igreja com suas roupas de gentio, e cabelo de gentio, e o seu jeito gentio de falar?

Paulo, que nunca guardou sua opinião para si, chamou Pedro na frente de todos e disse: "se, sendo tu judeu, vives como gentio e não como judeu, por que obrigas os gentios a viverem como judeus?" (Gl. 2:14). "Nós não pertencemos mais a este grupo que acredita na lei como salvação", disse ele à multidão de judeus e gentios reunida. Depois, ele afirmou de forma audaciosa: "se a justiça é mediante a lei, segue-se que morreu Cristo em vão" (Gl. 2:21). Estas palavras poderosas viraram o paradigma da tradição de ponta-cabeça. Essa mudança seria difícil, mas os judeus haviam aprendido a pensar de uma nova maneira.

Não foram apenas os judeus que tiveram que passar por uma enorme separação. Os gentios que creram em Cristo tiveram que encarar a separação do mundo pagão, no qual viveram a vida toda. Em Atos 15, a igreja em expansão enfrentou a seguinte questão: "O que iremos fazer com todos esses gentios cristãos? Quão judeus eles precisavam se tornar, e quão gentios poderiam permanecer?"

Pessoas que apoiavam os dois lados da discussão apostaram uns dois *shekels*[2] no que veio a ficar conhecido como Concílio de Jerusalém. Por último, Tiago, o irmão de Jesus e líder da igreja de Jerusalém, fez uma declaração dizendo basicamente o que Paulo já havia dito em Antioquia: "Meus irmãos gentios, algumas pessoas disseram que vocês precisavam adotar todas as tradições judaicas. Ignorem-nos. Isso não vem de nós. Nós não precisamos de mais judeus, precisamos de mais cristãos". Estava tudo bem dizer isso, mas o mundo gentio ainda era um lugar sujo, e o Concílio sentiu que, pelo menos, algumas restrições ainda estavam em vigor.

Depois de muitas discussões, uma carta foi feita aos gentios e enviada por Paulo, Barnabé, Judas e Silas. A carta confirmava o

---

2 Moeda israelense.

relacionamento dos gentios e dos judeus, juntos na igreja do Senhor, e foi concluída com as seguintes palavras:

> Pois pareceu bem ao Espírito Santo e a nós não vos impor maior encargo além destas coisas essenciais: que vos abstenhais das coisas sacrificadas a ídolos, bem como do sangue, da carne de animais sufocados e das relações sexuais ilícitas; destas coisas fareis bem se vos guardardes. Saúde. (At. 15:28-29)

Por menores que essas estipulações possam parecer, elas eram, na verdade, muito importantes. O que Tiago proibiu, ao final dessa carta, era grande parte do que fazia a cultura dos gentios ser o que era. Muito do que os gentios faziam estava relacionado com adoração de ídolos, imoralidade sexual e a adoração sexualmente imoral de ídolos. Para os novos gentios convertidos, separar-se dessas coisas, assim como se afastar de alimentos que, conscientemente, eram oferecidos aos ídolos – como era a maioria dos alimentos na época – poderia fazer com que se destacassem negativamente em sua cultura. Fazer isso poderia, rapidamente, levá-los ao ostracismo e à dificuldades. No entanto, essa mudança tinha um propósito. Os gentios *precisavam* estar separados. Eles não podiam festejar em dois casamentos ao mesmo tempo.

Paulo enfatizou a necessidade de se separar das coisas idólatras dos gentios quando ficou na frente de uma multidão no Areópago, em Atenas. À medida que os homens instruídos iam se reunindo para ouvir, Paulo disse: "O Deus que fez o mundo e tudo o que nele existe, sendo ele Senhor do céu e da terra, não habita em santuários feitos por mãos humanas. Nem é servido por mãos humanas, como se de alguma coisa precisasse; pois ele mesmo é quem a todos dá vida, respiração e tudo mais" (At. 17:24-25). Em uma cidade cheia de templos, os quais estavam lotados de ídolos, isso era uma declaração de mudança de perspectiva. "Todos aqueles templos lindos com seus ídolos caros? Pois é, eles são inúteis." Paulo foi em frente e declarou ao público que eles eram todos parte do mesmo povo, do mesmo sangue. Pode ser que Deus tenha definido fronteiras que distinguem os diferentes grupos de pessoas uns dos outros, mas isso não muda o fato de que fomos todos criados pelo mesmo Criador.

À medida que Paulo foi finalizando seu discurso, ele contou aos atenienses que o mesmo padrão espiritual, de ser separado dos ímpios, se aplica a todos. "Ora, não levou Deus em conta os tempos da ignorância; agora, porém, notifica aos homens que todos, em toda parte, se arrependam; porquanto estabeleceu um dia em que há de julgar o mundo com justiça, por meio de um varão que destinou e acreditou diante de todos, ressuscitando-o dentre os mortos" (At. 17:30-31). As palavras "agora, porém" são poderosas. Não há mais desculpas. O Messias já veio. Nós devemos nos distanciar de tudo que nos separa de Deus – sejam os judeus se separando da lei, ou os gentios se separando do mundo.

Às vezes, o preço da separação por amor a Cristo pode ser alto. Pode custar um casamento, filhos, empregos e amigos. Deus entende isso e, portanto, nos deu uma segunda família. Ele fez isso unindo todos os seus filhos e filhas em um único corpo, universal, feito de irmãos e irmãs. Paulo escreveu: "Porque Ele é a nossa paz, o qual de ambos os povos fez um; ... derrubando a parede de separação que estava no meio... Porque por Ele ambos temos acesso ao Pai em um mesmo Espírito." (Ef. 2:14, 18).

Jesus derrubou as paredes de separação através da Sua morte na cruz. Somente através Dele não há mais fronteiras; nem nacionalidades, nem religião, nada que possa nos separar uns dos outros. "Não pode haver judeu nem grego; nem escravo nem liberto; nem homem nem mulher; porque todos vós sois um em Cristo Jesus" (Gl. 3:28). Não consigo sequer lembrar quantas vezes eu saí de um avião e pisei num país que eu jamais havia visitado antes, e o quão calorosamente fui recebido por irmãos e irmãs em Cristo, a quem eu jamais tinha conhecido antes. Imediatamente me senti tão próximo a eles quanto se fossem da minha família. A razão de isso acontecer é Cristo; eles são nossa família de verdade.

O plano original de Deus não era a separação. Nele, a unidade é restaurada.

A Igreja se separa do mundo

Há mais uma separação sobre a qual devemos falar: a Grande Separação, que irá finalizar todas as separações. Esse é o desligamento da igreja do mundo. "Mas, Amir, Jesus não disse 'Esteja no mundo, mas não seja do mundo?' Você está dizendo que devemos nos separar do mundo?"

Em primeiro lugar, Jesus nunca disse isso. Essa é a maneira que algumas pessoas interpretam a Sua oração sacerdotal em João 17. Entretanto, ainda há um forte sentimento de que devemos estar completamente engajados com os que nos cercam, mas sem nos envolvermos com as tentações pecaminosas que essa mesma cultura nos empurra.

Em segundo lugar, a Grande Separação não é espiritual em sua natureza, e sim física. Haverá um dia em que o Senhor arrebatará a Sua igreja para encontrá-Lo nos ares. O resultado dessa separação é a união física entre os que Nele creem e seu Salvador. Desse momento em diante, nós ficaremos com Ele para sempre.

Embora a separação não tenha sido a intenção original de Deus, este é o meio que Ele utilizou para trabalhar neste mundo através dos tempos. Para aqueles que acham que seria estranho para o Senhor arrancar o Seu povo deste mundo, basta apenas olhar para a história. Para Ele, arrebatar o Seu povo não é estranho, é o Seu *modus operandi*. É por isso que é tão importante, para nós, cristãos, viver e proclamar a verdade a nossos familiares e ao próximo. A igreja ainda não foi separada, o que significa que nós ainda temos tempo. Enquanto estivermos aqui para proclamar o Evangelho, as pessoas ainda podem escolher seguir a Deus. No entanto, uma vez que tivermos sido separados deste mundo, as chances daqueles que ficaram para trás de encontrar o caminho até o Senhor é quase nula.

Ao que tudo indica, o tempo é curto. Como embaixadores de Cristo, devemos levar a sério a missão que nos foi dada.

CAPÍTULO 4

AS 70 SEMANAS PROLONGADAS

F OI UMA ATERRISAGEM DIFÍCIL, PRINCIPALMENTE SE tratando de alguém mais velho. Quem sabe há 20, 30, 40 anos, ele teria se recuperado bem. No entanto, nessa idade, todo movimento doía em algum lugar. Ter sido jogado no fundo de um poço pedregoso e úmido, certamente não ajudou com as suas debilidades.

Devagar, se apoiando pelas paredes, ele se colocou de pé. A escuridão total era claustrofóbica. Ele não conseguia saber se o chão debaixo dele se estenderia por mais 2 ou 20 metros. Ele tinha apenas uma certeza: ele não estava sozinho naquele poço. Havia um som suave e meio confuso ao seu redor; o de pés caminhando por pedras arenosas. Então, ele ouviu um grande rugido.

– Senhor – ele orou – cuide de mim aqui embaixo; me proteja. Minha vida está em Suas mãos.

Um ser macio e corpulento começou a encostar nele, jogando-o de volta contra a parede. O movimento foi ficando mais agitado e intenso; os rugidos se tornaram rosnados.

De repente, uma luz encheu aquele lugar com tanta intensidade que, por um momento, ele ficou tão cego quanto quando estava na escuridão absoluta. À medida que os pontos azuis iam desaparecendo dos seus olhos, ele conseguiu distinguir a figura que andava por aquele lugar rochoso e gentilmente tocava o focinho do que, agora que conseguia enxergar bem, distinguiu ser dezenas de leões que o estavam cercando. Hipnotizado, ele viu o homem que estava brilhando terminar sua tarefa, olhar em sua direção e, depois de manter momentaneamente seus olhos fixados nele, simplesmente sumiu, levando a luz consigo.

O restante da noite foi bem diferente do que qualquer outra que já havia tido. Ele dormiu profundamente naquela escuridão, com as batidas do coração de uma fera sobre sua cabeça, acalmando sua mente ansiosa, e com o calor de duas criaturas magníficas, uma de cada lado, mais do que triunfando sobre o frio úmido daquele poço.

Ele foi acordado pela manhã pela voz do rei Dario dizendo: "Daniel, servo do Deus vivo! Dar-se-ia o caso que o teu Deus, a quem tu continuamente serves, tenha podido livrar-te dos leões?" (Dn. 6:20). Usando os felinos enormes que o cercavam como uma alavanca, ele ficou em pé e disse: "Ó rei, vive eternamente! O meu Deus enviou o seu anjo e fechou a boca aos leões, para que não me fizessem dano, porque foi achada em mim inocência diante dele; também contra ti, ó rei, não cometi delito algum" (versículos 21 e 22). O rei então tirou seu conselheiro de mais idade do poço, trazendo-o para si, e o encontro deles foi caloroso.

Para muitos, isso é o máximo que eles conhecem sobre o grande profeta Daniel. Se se forçarem um pouco mais, alguns podem chegar a lembrar de histórias sobre comer legumes, interpretar sonhos e uma festa esquisita com uns escritos fantasmagóricos na parede. No entanto, as reminiscências da escola dominical são muito poucas. No início, Daniel era considerado um domador de leões, mas ele era muito mais do isso.

Daniel e o seu livro

Se você contar cinco livros na seção dos profetas do Antigo Testamento (começando em Isaías e percorrendo todo o caminho até Malaquias), você chegará a um escrito único dentre seus pares. Embora a maioria desses porta-vozes de Deus estivesse preocupado principalmente com a profecia, com um pouco de narrativa histórica misturada, Daniel dividiu seu livro ao meio.

Nos primeiros seis capítulos é onde encontramos algumas das lições da escola dominical. Daniel estava entre um grupo de homens jovens, capturados pelo rei Nabucodonosor, e levados à Babilônia para servi-lo. Nestes capítulos, encontramos as façanhas de quatro exilados – Ananias (a quem foi dado o nome de Sadraque), Misael (Mesaque), Azarias (Abade Nego) e Daniel (Beltessazar). Os três amigos de Daniel acabaram em destaque no capítulo 3, escapando das chamas de uma fornalha ardente, com não muito mais do que algumas marcas de fuligem. No restante do livro, Daniel é a estrela principal. Nós podemos ver seu crescimento de um jovem exilado para um velho sábio, servindo três líderes mundiais de dois impérios diferentes.

A segunda metade, com os outros seis capítulos, muda consideravelmente o seu mecanismo. De repente, Daniel muda de uma biografia e autobiografia para uma profecia. Com a ajuda de um anjo, que interpretou sonhos e visões estranhas que ele havia tido, Daniel recebeu uma revelação diretamente de Deus sobre os eventos futuros, incluindo uma sobre o fim dos tempos. Em vez de profetizar *na* terra dos judeus *sobre* a terra dos judeus, como a maioria dos outros profetas, Daniel estava em um país estrangeiro, tendo visões sobre os planos de Deus para o restante do mundo.

Israel de castigo

No tempo de Daniel, Israel estava sendo disciplinada. Daniel não era responsável por sua situação de exílio em um país estrangeiro; ele foi pego em meio a punição dos pecados cometidos pelas gerações anteriores. Essencialmente, a nação estava no que podemos considerar um castigo nacional. "Se não consegue seguir as regras, meu jovem, pode ir sentar no canto até eu dizer que pode sair." O "canto" era a Babilônia, e o tempo do castigo acabara sendo 70 anos.

O que o povo de Israel fez para receber tal punição? Bem, você é quem me diz. Se Deus disse: "não façam isso", então provavelmente os israelitas o fizeram. Entretanto, esse banimento temporário, e específico, estava mais atrelado a um pecado em particular. Assim como Deus tem um plano para o Seu povo, Ele também tem um plano para a Sua terra. Ele sabe o que é necessário para a proteção do solo e seus nutrientes. Se você cultivar demais um pedaço de terra, suas plantações irão sofrer as consequências disso. Portanto, é importante dar um descanso para a terra de vez em quando.

O plano de Deus, de dar um descanso para a terra, coincidiu com os Seus planos para o descanso de Seu povo. O povo de Israel considerava todo sétimo dia o dia do *Shabat*, em que eles descansavam. Da mesma forma, Deus designou que todo ano sétimo fosse o ano do *Shabat*, para que a terra pudesse descansar. Logicamente, isso fazia sentido, mas, na prática, era mais difícil de cumprir. Os anos do *Shabat* exigiam planejamento e, mais do que isso, exigiam fé:

> Se disserdes: Que comeremos no sétimo ano, visto que não haveremos de semear, nem fazer a nossa colheita? Então, eu mandarei a minha bênção sobre vós no sexto ano, e a terra produzirá fruto bastante para os três anos. No oitavo ano semeareis, e comereis da colheita velha; até o ano nono, até que venha a colheita nova, comereis da velha. (Lv. 25:20-22)

A promessa de Deus era de que Ele daria uma colheita tão grande no sexto ano, que as pessoas ainda estariam desfrutando dela até que as novas safras fossem colhidas, no nono ano.

Assim como acontece com muitos dos mandamentos de Deus, a bênção vinda da obediência é equilibrada com a maldição da desobediência. Se o povo de Israel decidisse ignorar as regras de Deus sobre o *Shabat* da terra, Ele prometia o seguinte:

> Assolarei a terra, e se espantarão disso os vossos inimigos que nela morarem. Espalhar-vos-ei por entre as nações e desembainharei a espada atrás de vós; a vossa terra será assolada, e as vossas cidades serão desertas. Então, a terra folgará nos seus sábados, todos os dias da sua assolação, e vós estareis na terra dos vossos inimigos; nesse tempo, a terra descansará e folgará nos seus sábados. Todos os dias da assolação descansará, porque não descansou nos vossos sábados, quando habitáveis nela. (Lv. 26:32-35)

A terra teria o seu *Shabat* de um jeito ou de outro. Se os israelitas se recusassem a deixar a terra descansar, o Senhor recusaria a terra ao povo de Israel, até que o ano sabático fosse concluído.

Por 490 anos, os anos sabáticos da terra foram ignorados. Divida 490 anos por 7 (ou calcule 1 *Shabat* a cada 7 anos), e o resultado será 70 anos. Esse é o número de anos que Deus designou para o exílio do povo de Judá:

> Os que escaparam da espada, a esses levou ele para a Babilônia, onde se tornaram seus servos e de seus filhos, até ao tempo do reino da Pérsia; para que se cumprisse a palavra do Senhor, por boca de Jeremias, até que a terra se agradasse dos seus sábados; todos os dias da desolação repousou, até que os setenta anos se cumpriram. (2 Cr. 36:20-21)

Quando Deus nos pede para fazer algo, este algo será feito. Nós podemos escolher o caminho mais fácil ou o caminho mais difícil. Por que nós, assim como o povo de Israel, escolhemos o caminho mais difícil com tanta frequência?

Daniel foi pego nesse ano sabático de exílio. No entanto, mesmo que ele tivesse sido retirado da sua terra por um pecado da nação toda, ele mesmo ainda era um seguidor fiel de Deus e um aprendiz das Escrituras. No tempo de Daniel, o povo de Deus ainda não tinha a Bíblia completa; ele e os outros autores ainda a estavam escrevendo. Teria sido complicado para ele fazer uma análise aprofundada de Daniel 9, quando ele ainda estava rabiscando o capítulo 6. Além disso, as Escrituras já fornecidas por Deus a eles foram escritas em pergaminhos e eram guardadas nas sinagogas. Durante os primeiros anos de exílio, a Palavra escrita de Deus era tão difícil de encontrar na Babilônia quanto um *cheeseburguer* com bacon em Jerusalém. Mesmo assim, Daniel conhecia bastante as palavras de Deus.

Naquele tempo, o povo de Israel tinha uma cultura bastante oral e iletrada. As pessoas não andavam por aí com pergaminhos em uma pasta, cheios de recados em *post its* e marca-textos. Elas aprendiam sobre a Palavra de Deus quando outras pessoas liam ou cantavam para eles. De tanto ouvir as palavras, repetidamente, elas tentavam decorá-las, geralmente recitando ou cantando junto.

Foi assim que Daniel conseguiu saber sobre o tempo de exílio dos judeus, conforme declarado através do profeta Jeremias:

> No primeiro ano de Dario, filho de Assuero, da linhagem dos medos, o qual foi constituído rei sobre o reino dos caldeus, no primeiro ano do seu reinado, eu, Daniel, entendi, pelos livros, que o número de anos, de que falara o Senhor ao profeta Jeremias, que haviam de durar as assolações de Jerusalém, era de setenta anos. (Dn. 9:1-2)

Daniel, agora com a idade avançada e sob o comando de um novo império persa, orou, em essência: "Certo, Senhor. Eu estive contando os anos, e está chegando a hora de perdoar os nossos pecados e nos mandar de volta para casa, de acordo com a Sua promessa".

Quando oramos, Deus nos ouve. Quando Deus faz uma promessa, nós podemos contar que Ele irá cumpri-la. Quando oramos lembrando-O de algo, assim como Daniel, não é por acharmos que Ele possa ter esquecido. Ele não está olhando para o calendário e pensando: "Hum, Eu sei que circulei essa data por algum motivo..." Quando lembramos a Deus de Suas promessas, isso é uma demonstração de fé da nossa parte. Nós estamos afirmando que Ele é um Deus que sempre cumpre o que promete. **Ele irá cumprir Suas promessas em Seu tempo e do Seu jeito, em 100% das vezes.**

O Apocalipse de Daniel

Mais frequentemente quando falamos sobre profecias, nós não recebemos informações sobre o processo de comunicação entre Deus e o profeta. Na realidade, nós simplesmente lemos as palavras que o Senhor, de alguma forma, proclamou através do seu porta-voz. Eventualmente, o método de comunicação e a mensagem em si estão tão conectados, que o Espírito Santo acaba abrindo a porta da metodologia. O livro de Daniel é um desses casos.

A segunda metade da carta de Daniel é o que podemos chamar de literatura apocalíptica. *Apocalipse* significa "revelação" ou "divulgação", centrada no julgamento futuro de Deus sobre o mundo, e na concretização final dos Seus planos para o fim dos tempos para toda a humanidade.[1] O livro de Apocalipse é outro grande exemplo de uma literatura apocalíptica na Bíblia.

Contudo, o livro de Daniel também pode ser visto um pouco como revelador ou apocalíptico, no sentido de que nós, leitores, iremos assistir à profecia ser revelada. No capítulo 7, Daniel está dormindo em sua cama, quando seus sonhos e visões celestiais se fundem, e ele consegue enxergar claramente quatro animais gigantes saindo das águas. O profeta, então, narra para nós as ações violentas e sangrentas dessas criaturas, as façanhas de um dos chifres pertencentes ao quarto animal, e uma visão inspiradora do Ancião dos Dias assentando-se em Seu trono. Compreensivelmente confuso com o que estava acontecendo, Daniel se aproximou de "um dos que estavam perto" e perguntou o que era aquilo que estava vendo (versículo 16). E então, o homem começou a fazer comentários detalhados a Daniel sobre o que estava acontecendo.

No capítulo seguinte, Daniel teve outra visão. Nela, ele estava de pé próximo a um rio, observando a briga entre um carneiro e um bode, na qual o bode levava a melhor. E então, acontecem outras coisas estranhas com o chifre, o que confunde bastante Daniel. Dessa vez, o anjo Gabriel foi mandado para explicar essa visão. Deve ter sido incrível contemplar esse grande arcanjo, pois Daniel cai imediatamente no chão e se inclina para se prostrar. Gabriel levanta Daniel, o coloca de pé, e então começa a explicar a visão que ele acabara de ter.

Em toda a Escritura, há somente três anjos que são identificados pelo nome – Gabriel, Miguel e Lúcifer. Gabriel é um mensageiro. Ele aparece cinco vezes na Bíblia; duas delas em Daniel. Este é o mesmo arcanjo poderoso que entregou as boas novas aos dois casais de futuros pais. Primeiro, ele visita o idoso sacerdote Zacarias, no templo, e anuncia a promessa de Deus de que ele e a sua esposa teriam um filho, pois até então não tinham nenhum. Essa criança teria o nome de João e, um dia, batizaria o Messias. Ele também visitou o casal de noivos Maria e José, separadamente, para compartilhar a novidade sobre o milagre em que o Espírito Santo iria colocar uma criança no ventre de Maria, mesmo que ela ainda fosse virgem. Essa criança seria literalmente o Emanuel, que significa "Deus conosco".

Voltando para a visão de Daniel 9, descobrimos que Gabriel percorreu grandes distâncias para entregar a seguinte mensagem a Daniel:

> Falava eu, digo, falava ainda na oração, quando o homem Gabriel, que eu tinha observado na minha visão

ao princípio, veio rapidamente, voando, e me tocou à hora do sacrifício da tarde. Ele queria instruir-me, falou comigo e disse: Daniel, agora, saí para fazer-te entender o sentido. (Dn. 9:20-22)

Gabriel começou a mensagem dizendo "Daniel". Não é fantástico que Deus nos conheça pelo nome? Ele não enviou o anjo Gabriel dizendo: "Gabi, sabe aquele cara lá embaixo? Não sei muito bem quem é ele, mas ele parece um bom escritor. Descubra o nome dele e depois entregue a mensagem que estou enviando". Gabriel sabia exatamente quem era Daniel, pois Deus sabia exatamente quem ele era. Da mesma forma, Ele sabe exatamente quem somos.

Gabriel recebeu a incumbência de levar a "habilidade de compreensão" a Daniel. Outra forma de traduzir essas palavras seria "discernimento" e "entendimento". A quem pertencem o discernimento e o entendimento que Gabriel irá transmitir? Lembre-se, ele é apenas um mensageiro. O discernimento e o entendimento provêm totalmente de Deus. É como se o Senhor entregasse um pergaminho a Gabriel, e dissesse: "Aqui, entregue isso a Daniel para que ele possa ler e compreender o que Eu quero que ele saiba".

Depois, ouvimos algo maravilhoso. Gabriel diz: "No princípio das tuas súplicas, saiu a ordem, e eu vim, para declarar, porque és mui amado; considera, pois, a coisa e entende a visão" (versículo 23). A partir do momento que Daniel começou a orar, Deus começou a responder. O Senhor não insistiu em esperar até que a adoração, confissão e porção de ação de graças da oração fossem feitas. Ele não esperou até que Daniel dissesse: "Amém" para atender à intercessão. No momento em que Daniel proferiu a primeira sílaba, a ordem de Deus foi dada ao anjo Gabriel para levar a mensagem e o entendimento ao Seu profeta. O nosso Deus, que sabe as palavras que vamos dizer, antes mesmo de o fazermos, está mais preocupado com o que está em nosso coração do que com o que sai da nossa boca.

As setenta semanas de Daniel

Qual era a mensagem que Gabriel foi encarregado de entregar? Ele começa: "Setenta semanas estão determinadas sobre o teu povo e sobre a tua 'santa cidade'" (versículo 24). Você se lembra do que lemos no começo de Daniel 9? Nos dois primeiros versículos, Daniel orou a Deus sobre os 70 anos de exílio que Deus proclamou através do profeta Jeremias. Enquanto Daniel clamava ao Senhor sobre os 70 anos de exílio, Deus mandava uma mensagem a ele sobre algo muito maior – as 70 semanas. Agora, você deve estar pensando: "Amir, não sou um gênio da matemática, mas tenho certeza de que 70 anos é um período bem maior que 70 semanas". Normalmente, você estaria certo. Mas as semanas das quais Gabriel estava falando não contêm sete dias cada, mas sim, sete anos. Portanto, as 70 semanas, na verdade, se referem a um período de 490 anos (70×7).

Para quem eram essas 70 semanas extralongas? O anjo Gabriel disse que eram para o "povo e a santa cidade" de Daniel. Quem era o povo de Daniel? Israel. Qual é a santa cidade? Jerusalém. Mesmo que Daniel estivesse em exílio, distante da sua terra natal, o Senhor enviou uma mensagem a ele sobre Jerusalém e sobre os judeus. Gabriel relatou:

> Setenta semanas estão determinadas
> sobre o teu povo e sobre a tua santa cidade,
> para fazer cessar a transgressão,
> para dar fim aos pecados,
> para expiar a iniquidade,
> para trazer a justiça eterna,
> para selar a visão e a profecia
> e para ungir o Santo dos Santos.
> Sabe e entende,
> desde a saída da ordem
> para restaurar e para edificar Jerusalém,
> até ao Ungido, ao Príncipe,

> sete semanas e sessenta e duas semanas;
> as praças e as circunvalações se reedificarão,
> mas em tempos angustiosos.
> Depois das sessenta e duas semanas,
> será morto o Ungido e já não estará;
> e o povo de um príncipe que há de vir
> destruirá a cidade e o santuário,
> e o seu fim será num dilúvio,
> e até ao fim haverá guerra;
> desolações são determinadas. (Dn. 9:24-26)

Há dois grupos de semanas aqui – o de 7 semanas e o de 62 semanas. As primeiras 7 semanas são para a reconstrução de Jerusalém; isso é igual a 7×7, ou 49 anos, para colocar a cidade em ordem novamente. Depois, mais 62 semanas passarão, o que é igual a 7×62 ou 434 anos. Depois disso, algo magnífico acontecerá: o Messias retornará. Mas antes que você fique muito empolgado com a volta do Messias, saiba que a Sua volta não durará muito tempo. Tão logo Ele chegará e logo já será retirado.

A contagem regressiva das 69 semanas (ou 483 anos) é dada para o advento do Messias. Mas 69 semanas a partir de quando? Em que momento Daniel deveria apertar o botão de início no cronômetro? No versículo 25 da passagem anterior, Deus nos fornece a resposta: "Sabe e entende: desde a saída da ordem para restaurar e para edificar Jerusalém [...]" Quando a nação for instruída a voltar e reconstruir a cidade, este será o momento que a contagem regressiva começará.

Isso nos leva à próxima questão: Quando os judeus foram instruídos para voltar e reconstruir Jerusalém? Há pessoas que apontam algumas datas diferentes. Em 536 a.C., o rei Ciro, da Pérsia – o império que destruiu a Babilônia e governou os judeus, posteriormente – emitiu uma ordem: "Assim diz Ciro, rei da Pérsia: O Senhor, Deus dos céus, me deu todos os reinos da terra e me encarregou de lhe edificar uma casa em Jerusalém de Judá" (Ed. 1:2).

Ciro permitiu que os judeus retornassem a Jerusalém pelo único propósito de construir o templo. E então, em 519 a.C., quando os judeus estavam sendo importunados enquanto construíam o templo, o rei Dario I seguiu a ordem do rei Ciro como se fosse sua. Os judeus deveriam continuar a trabalhar na reconstrução, e ai de quem os atrapalhasse (Ed. 6:3-12). E por último, em 448 a.C., Artaxerxes I emitiu uma declaração ordenando que o templo fosse decorado (Ed. 7:11-26).

Qual desses eventos marca a data de início? Nenhum deles. Embora três decretos diferentes tenham sido dados, nenhum deles tem relação com a cidade; de fato, todos eles focam no templo.

Há apenas uma proclamação que foi emitida para a reconstrução de Jerusalém em si, e, para encontrá-la, nós precisamos ler os livros de Esdras e Neemias. Neemias era o copeiro do rei Artaxerxes I. O seu coração já estava pesado havia um tempo, pois estava pensando em Jerusalém, a cidade santa de Deus, que estava sem portões ou muros. Essa grande capital se tornara uma sombra da glória que um dia fora. Ele orou e jejuou, clamando ao Senhor pela Sua misericórdia.

Como copeiro do rei, Neemias tinha um trabalho muito importante, o de provar o vinho do rei. Agora, se isso não lhe parece algo ruim, então você ainda não entendeu a razão pela qual ele precisa provar o vinho. Os reis sempre foram potenciais alvos, e uma das principais formas que os assassinos tinham de chegar ao monarca era o envenenamento. O trabalho do copeiro era levar o vinho ao rei, tomar um gole em sua presença e, se não caísse morto, poderia servir uma taça ao rei. Essa degustação precisava ser feita pelo copeiro com um sorriso no rosto.

Entretanto, houve um dia em que Neemias vacilou. A sua mente estava tão sobrecarregada devido à situação em Jerusalém, que ele esqueceu de não fazer cara feia. O rei Artaxerxes chamou a sua atenção quanto a isso:

> Por que está triste o teu rosto, se não estás doente? Tem de ser tristeza do coração. Então, temi sobremaneira e

lhe respondi: viva o rei para sempre! Como não me estaria triste o rosto se a cidade, onde estão os sepulcros de meus pais, está assolada e tem as portas consumidas pelo fogo? Disse-me o rei: Que me pedes agora? Então, orei ao Deus dos céus e disse ao rei: se é do agrado do rei, e se o teu servo acha mercê em tua presença, peço-te que me envies a Judá, à cidade dos sepulcros de meus pais, para que eu a reedifique. Então, o rei, estando a rainha assentada junto dele, me disse: Quanto durará a tua ausência? Quando voltarás? Aprouve ao rei enviar-me, e marquei certo prazo. (Ne. 2:2-6)

A ordem de voltar a Jerusalém para construir não o templo, mas a cidade em si, foi dada pela primeira vez. Neemias disse: "No mês de nisã, no ano vigésimo do rei Artaxerxes" (Ne. 2:1). O mês de nisã e o ano 445 a.C.; este foi o momento da profecia, este foi o início da contagem regressiva.

Fazendo as contas

Tic... Tac... Tic... Tac...
O tempo começou a passar. No relógio da contagem regressiva eram 69 semanas, ou 483 anos (69×7), até que o mundo presenciasse a obra gloriosa do aguardado Messias.

"Amir, eu disse que essa conta era sem sentido. Eu consigo somar números; 483 anos, a partir de 445 a.C., nos leva ao ano 38 d.C. Jesus já havia ascendido ao céu bem antes dessa data." Isso é mais do que verdade, e eu o parabenizo pelas suas habilidades em logística. O problema é que, enquanto os seus números estão corretos, os seus anos estão errados. O ano judeu é diferente do nosso calendário gregoriano padrão, com 365 dias. Israel segue o calendário lunar; o ano deles possui apenas 360 dias.

Certo, agora aperte o cinto, nós estamos prestes a fazer as contas. Sessenta e nove semanas multiplicadas por 7 anos lunares é igual a 483 anos. Quatrocentos e oitenta e três anos lunares multiplicados por 360 dias é igual a 173.880 dias. Aplicar tudo isso ao nosso calendário solar exige um próximo passo. Pegue os 173.880 dias e divida por 365 dias por ano solar; o resultado será 476 anos solares.

Se a sua mente está como um mar de números, não se preocupe – temos apenas mais um problema fácil de adição para resolver. O mês de nisã, em 445 a.C., adicionado a 476 anos solares, nos leva direto ao Domingo de Ramos, em 31 d.C.; o momento exato que um certo Salvador da humanidade estava indo para Jerusalém nas costas de um jumento. Fique à vontade para parar um momento e dizer "Aleluia" e "Louvado seja o Senhor" antes de voltar à sua leitura.

Quando Daniel levantou um clamor, ele queria alguma compreensão do que estava acontecendo com os exilados de Israel. Deus, no entanto, ofereceu a Daniel uma visão bem maior do que iria acontecer no futuro. Daniel perguntou a Deus sobre a restauração dos judeus; Deus contou a ele sobre a salvação da humanidade.

A septuagésima semana que falta

Onde estamos agora na linha do tempo das 70 semanas que Daniel recebeu do Senhor? Daniel lidou com dois períodos de tempo. O primeiro foi o das 7 e 62 semanas. Como vimos anteriormente, este período era sobre a vinda do Messias, Sua crucificação e Sua morte. No entanto, há uma septuagésima semana. Mantenha em mente que, mesmo que Daniel tenha sido brilhante em seu tempo, ele não tinha acesso a uma perspectiva completa do que estava por vir. O anjo Gabriel nunca frequentou o seminário Batista dos céus. Os dois podiam apenas ver o período de tempo que Deus permitiu que eles vissem.

Clarence Larkin, um pastor e teólogo do início do século XX, comparou essa visão limitada da profecia a duas montanhas.[2]

Se você já fez uma caminhada em alguma cordilheira, você provavelmente já teve a experiência de ter uma ilusão de óptica. À medida que você vai caminhando pela trilha, você começa a ver duas montanhas à sua frente – sendo uma delas um pouco maior – uma logo atrás da outra. Com a impressão de que não vai demorar muito para escalar ambas, você começa a subir a primeira. Mas, quando você chega ao topo, você faz uma grande descoberta: a segunda montanha, que parecia estar bem atrás da primeira, na verdade está bem distante dela. Entre as duas montanhas há um vale extenso, que você não fazia ideia que existia. O vale estava lá o tempo todo, mas você não podia vê-lo porque ele não estava ao alcance da sua visão.

Na mensagem profética de Deus das 70 semanas, Daniel define, essencialmente, dois cumes de tempo. O primeiro inclui as 69 semanas e está diante dele. O segundo é a septuagésima semana e está bem distante. Dentre os dois cumes das montanhas, há um vale extenso de tempo, não incluso nas 70 semanas. Daniel não menciona o vale, pois ele está além do alcance da visão que Deus lhe deu. Nessa parte, aqueles que estudam as profecias de Daniel podem ficar confusos. Conforme líamos, nós fomos escalando até o topo da semana 69 com Daniel, ansiosos para chegar à semana 70. Porém, quando chegamos ao cume da montanha, a semana 70 não está lá.

Os intérpretes da Bíblia geralmente trilham um desses dois caminhos a seguir para encontrar a semana restante. Alguns utilizam uma abordagem alegórica e tentam forçar a última semana na destruição de Jerusalém, no ano 70 d.C. Outros, simplesmente dizem que deve haver algo errado com a linha do tempo no geral e com a interpretação da mensagem de Daniel. Nenhum desses dois caminhos é exato, necessário ou garantido.

Se nós basicamente levantarmos nossos olhos, do topo da montanha 69 nós conseguiremos ver claramente o cume da semana 70 a distância. Para chegar lá, basta simplesmente andarmos pelo vale do tempo. Enquanto descemos pelo outro lado da montanha, entraremos na era da igreja. Lá, nós encontraremos a igreja e o Espírito Santo trabalhando juntos para propagar a mensagem do Evangelho. O Espírito Santo está sempre, poderosamente, ao nosso lado, iluminando nossa trajetória conforme nós a trilhamos. O caminho da igreja, no entanto, infelizmente é inconsistente; algumas vezes, ele é pavimentado e suave; em outras é cheio de rachaduras e caindo aos pedaços. Apesar de tudo isso, com a ajuda do Espírito Santo, nós continuamos seguindo em frente.

Quando chegamos na base da segunda montanha, o caminho da igreja termina de forma abrupta. Este é o arrebatamento, quando a igreja e o Espírito Santo são arrancados da Terra. É nesse momento que o foco de Deus volta para Israel. O caminho começa a ficar difícil conforme trilhamos a segunda montanha. Esse é o momento da angústia de Jacó, quando a ira de Deus está sendo derramada sobre o mundo, e os judeus estão sendo disciplinados. Quando nós finalmente chegarmos ao topo, nós iremos testemunhar os pés do Senhor se assentarem no Monte das Oliveiras. Este importante evento dará início ao grande avivamento, prometido por Paulo em Romanos 11:26: "E, assim, todo o Israel será salvo".

O vale entre as montanhas 69 e 70 pertence à igreja; e as montanhas em si pertencem a Israel. Em Daniel 9, vemos uma lista com seis razões para essas 70 semanas profetizadas – cada uma delas começando com a palavra "para":

> Setenta semanas estão determinadas
> para o teu povo e para a tua santa cidade,
> para fazer cessar a transgressão,
> para dar fim aos pecados,
> para expiar a iniquidade,
> para trazer a justiça eterna,
> para selar a visão e a profecia
> e para ungir o Santo dos Santos. (Dn. 9:24).

Na Sua primeira vinda, Jesus cumpriu as três primeiras dessas grandes tarefas. Ele cessou a transgressão, colocou um fim aos pecados e trouxe reconciliação devido à iniquidade. Todas essas coisas foram feitas na cruz. Quando Jesus Se sacrificou, Ele pagou pelos nossos pecados e nos reconciliou com Deus. "Mas Deus prova o seu próprio amor para conosco pelo fato de ter Cristo morrido por nós, sendo nós ainda pecadores... Porque, se nós, quando inimigos, fomos reconciliados com Deus mediante a morte do seu Filho, muito mais, estando já reconciliados, seremos salvos pela sua vida" (Rm. 5:8, 10). Através da fé na obra de Jesus na cruz, nós nos acertamos com o nosso Pai, e agora estamos em paz com Ele.

As últimas três tarefas serão concluídas quando Jesus voltar. Como o Rei dos reis que governa a Terra, Ele trará justiça eterna. Ele mesmo será o cumprimento das visões e profecias, e a conclusão delas. Por que o Senhor precisaria continuar se comunicando através de visões e profecias quando Ele mesmo habitará em meio à humanidade? Por fim, Jesus retornará como o Ungido Santíssimo. Ele não apenas retornará como Rei dos reis, mas como Senhor dos senhores.

O dia da septuagésima semana está se aproximando. Deus lidará com Israel novamente. O vale entre os cumes era um deserto para os judeus, mas então, em 1948, Israel, de repente, voltou para casa. Deus trouxe Israel de volta, e agora nós aguardamos que Ele derrame o Seu Espírito Santo sobre o povo judeu. Que dia glorioso será, quando virmos um arrependimento em massa e a reconciliação entre o Senhor e a Sua nação escolhida! Levantem os olhos, a base da montanha está quase debaixo dos nossos pés, e o caminho da igreja está chegando ao fim.

CAPÍTULO 5
A GRANDE SOMBRA DA PÁSCOA JUDAICA

EM ABRIL DE 2012, NO FESTIVAL COACHELLA DE MÚSICA e arte, o rapper Tupac Shakur subiu ao palco. O que tornou essa performance ao vivo única foi que o Tupac, na verdade, não estava vivo. Há 16 anos, esse rapper gângster foi assassinado em um tiroteio em Las Vegas, Nevada. Mesmo assim, ali estava ele, se apresentando no palco, diante de um público de milhares de fãs gritando por ele.

Logicamente, o rapper Tupac não estava realmente lá. Mesmo no mundo de um rapper gângster, subir com um corpo morto em um palco provavelmente seria visto como algo extremo. O que o público de fato estava vendo era uma combinação brilhante de projetores, espelhos e telas de alumínio, tudo muito bem calculado.[1] O Tupac era um holograma. Para os fãs, a empolgação de ver um de seus heróis da música foi suficiente para que eles esquecessem que, o que eles estavam vendo, não era real. Mas, não importa o que os olhos dos fãs estivessem lhes dizendo, Tupac continuava morto. Quando a apresentação terminou, o projetor foi desligado, e o ídolo do público voltou a ser apenas uma lembrança para a geração passada.

Sombra vs. Substância física

Na Bíblia, algo muito semelhante a isso também acontece. Através de Seus profetas e autores, o Senhor frequentemente utilizou as sombras para representar algo substancial – parecido com hologramas literários antigos, representando algo ou alguém real. O autor do livro de Hebreus nos conta que, há muitos anos, havia um tabernáculo construído para sacrifícios oferecidos ao Senhor. Ele nos dá um resumo breve, mostrando o candelabro, a mesa e os pães da proposição. Depois de puxar a cortina sagrada, ele nos leva ao Santo dos Santos: "ao qual pertencia um altar de ouro para o incenso e a arca da aliança totalmente coberta de ouro, na qual estava uma urna de ouro contendo o maná, o bordão de Arão, que floresceu, e as tábuas da aliança; e sobre ela, os querubins de glória, que, com a sua sombra, cobriam o propiciatório" (Hb. 9:4-5). Eles foram criados para que os sacerdotes pudessem cumprir seus deveres ritualísticos; sendo o principal deles o sumo sacerdote fazendo o sacrifício anual para a redenção dos pecados do povo.

Contudo, por mais maravilhoso que esse primeiro templo e sistema de sacrifícios pudesse ser, nos é dito que eles eram apenas uma "parábola (símbolo) para a época presente" (versículo 9). Eles eram apenas uma sombra – uma ilustração de uma realidade muito maior. Essa realidade maior é encontrada no templo sagrado e no sacrifício de Jesus Cristo.

> Quando, porém, veio Cristo como sumo sacerdote dos bens já realizados, mediante o maior e mais perfeito tabernáculo, não feito por mãos, quer dizer, não desta criação, não por meio de sangue de bodes e de bezerros, mas pelo seu próprio sangue, entrou no Santo dos Santos, uma vez por todas, tendo obtido eterna redenção. (Versículos 11 e 12)

Este par *sombra + substância física* é encontrado em toda a Escritura. Na verdade, pode-se dizer que ele é a essência da profecia bíblica. Muitas vezes, a sombra é simplesmente mostrada em uma palavra profética: "E tu, Belém-Efrata, pequena demais para figurar como grupo de milhares de Judá, de ti me sairá o que há de reinar em Israel, e cujas origens são desde os tempos antigos, desde os dias da eternidade" (Mq. 5:2). Essa declaração é o presságio (sombra) de uma incrível realidade (substância), que Jesus, o Messias, iria nascer na modesta cidade de Belém.

Às vezes, a sombra é mostrada em um acontecimento. No livro de Isaías, um sinal foi dado ao terrível rei Acaz, de Judá, de que a sua pequena nação não seria destruída pelos exércitos de Aram e Israel:

> [...] eis que a virgem conceberá e dará à luz um filho e lhe chamará Emanuel. Ele comerá manteiga e mel quando souber desprezar o mal e escolher o bem. Na verdade, antes que este menino saiba desprezar o mal e escolher o bem, será desamparada a terra ante cujos dois reis tu tremes de medo. (Is. 7:14-16)

A sombra da redenção de Deus é vista quando essa mulher, que ainda não era casada na época dessa profecia, dá à luz seu filho e, o Senhor, com o nascimento do menino, traz salvação para a nação de Judá. A substância física foi revelada 700 anos mais tarde, quando uma virgem dá à luz um menino, o verdadeiro Emanuel – Deus conosco. E então, ao invés de trazer salvação a uma única nação, essa Criança será usada pelo Pai para trazer salvação ao mundo todo.

A sombra das festividades

Há uma tendência crescente, no cristianismo, de celebrar as festividades do Antigo Testamento. Muitas igrejas se juntam para celebrar o Seder, perto da Páscoa. Algumas outras seguem o calendário judeu, enxergando nas Escrituras uma ordem para que os cristãos de hoje as celebrem. Uma dessas denominações é a *Living*

Church of God, com cerca de 10 mil membros, espalhados pelos 6 continentes. Roderick Meredith, o fundador da igreja, declarou:

> Esses dias foram claramente ordenados no Antigo Testamento, e o cumprimento deles por Cristo e pelos apóstolos no Novo Testamento certamente ratifica essas celebrações pela Igreja Cristã. Verdadeiros cristãos devem santificar os dias que Deus santificou. Devemos seguir o exemplo de Jesus e dos Apóstolos originais ao fazê-lo.[2]

O problema com esse ponto de vista é que o pastor Meredith e as pessoas que adotaram esse posicionamento estão focados na sombra, e não na substância física.

Quando eu ando à luz do sol, eu vejo a minha sombra. Se você não consegue ver a própria sombra enquanto anda no sol, talvez precise ir a um médico e verificar o que está acontecendo. Você provavelmente é um vampiro ou talvez não exista de fato. Algumas vezes, a minha sombra é grande e incrível; outras, ela é pequena e quase não é perceptível. Não importa qual seja o tamanho, eu posso lhe garantir que, se você consegue ver minha sombra, o eu real/material está próximo. A sombra é uma precursora da matéria original. Por que focar na sombra quando já temos o que é real aqui? Paulo nos diz: "Ninguém, pois, vos julgue por causa de comida e bebida, ou dia de festa, ou lua nova, ou sábados, porque tudo isso tem sido sombra das coisas que haviam de vir; porém o corpo é de Cristo" (Cl. 2:16-17). **As festividades são a sombra; a substância física é Cristo. As festividades já cumpriram o seu papel; concentremo-nos agora no que é concreto.**

Enquanto não é mais necessário celebrar as festividades, pelo simples fato de elas serem apenas a sombra, ainda é importante estudá-las. Nas festividades, nós podemos ver o grande plano de redenção de Deus para o mundo sendo executado. Deus é um excelente contador de histórias. Algumas vezes, Ele utiliza a história para contar a *Sua* história; outras vezes, Ele utiliza parábolas, e, em outras, profecias. Nas festividades do Antigo Testamento, nós podemos ver Deus em Sua melhor forma como contador de histórias.

Por 400 anos, o povo escolhido de Deus foi escravo no Egito. Eles abandonaram uma vida dura, cheia de trabalhos pesados e crueldade. O povo clamou a Deus, e Deus os ouviu. Da sarça ardente, o Senhor disse a Moisés:

> Certamente, vi a aflição do meu povo, que está no Egito, e ouvi o seu clamor por causa dos seus exatores. Conheço-lhe o sofrimento; por isso, desci a fim de livrá-lo da mão dos egípcios e para fazê-lo subir daquela terra a uma terra boa e ampla, terra que mana leite e mel [...]. (Êx. 3:7-8)

Em obediência, Moisés foi até o Egito, e o caos logo se instaurou. Através de sangue, insetos, do tempo e da morte, Deus finalmente convenceu o Faraó a deixar o Seu povo ir. Assim que isso aconteceu, Deus cobrou Moisés para criar um calendário: "Disse o Senhor a Moisés e a Arão na terra do Egito: Este mês vos será o principal dos meses; será o primeiro mês do ano" (Êx. 12:1-2). Esse calendário seria baseado em vários símbolos, vistos nos eventos que Deus estava prestes a realizar. Assim, o povo lembraria deles e celebraria a intervenção de Deus; essas festividades seriam celebradas todos os anos. O êxodo do Egito, que eventualmente se estendeu para 40 anos vagando no deserto, foi uma jornada que Deus queria que o Seu povo registrasse.

Desse tempo vagando pelo deserto sairiam sete festas, as quais compõem o calendário judaico – Páscoa Judaica, Festa dos Pães Ázimos, Festa das Primícias, Festa das Semanas (ou Pentecostes), Festa das Trombetas, Dia da Expiação e a Festa dos Tabernáculos. Cada um desses festivais significava algo importante para o povo de Israel. Era um tempo especial, ordenado por Deus. Mesmo assim, todos esses ainda são sombras de uma substância física futura e muito maior a ser revelada, no tempo do Senhor, e da Sua maneira.

O início da Páscoa Judaica

A festa inaugural e o começo do calendário tiveram início em uma noite terrível, em que todos viram o sangue dos primogênitos (pessoas e animais) ser derramado em todo o Egito. Essa foi uma mensagem tão extrema, que finalmente acabou com a teimosia do Faraó. Após chamar Moisés e Arão naquela madrugada, ele os ordenou: "Levantai-vos, saí do meio do meu povo, tanto vós como os filhos de Israel" (Êx. 12:31). Os hebreus estavam livres; a nova vida havia começado. Essa libertação era uma sombra do que Deus havia planejado, não somente para uma nação, mas para o mundo todo.

A lembrança da Páscoa Judaica se iniciou com uma ordem para reunir a família e escolher um cordeiro:

> Falai a toda a congregação de Israel, dizendo: Aos dez deste mês, cada um tomará para si um cordeiro, segundo a casa dos pais, um cordeiro para cada família... O cordeiro será sem defeito, macho de um ano; poderéis tomar um cordeiro ou um cabrito; e o guardareis até ao décimo quarto dia deste mês, e todo o ajuntamento da congregação de Israel o imolará no crepúsculo da tarde. Tomarão do sangue e o porão em ambas as ombreiras e na verga da porta, nas casas em que o comerem. (Êx. 12:3, 5-7)

Observe o momento em que isso ocorria. O cordeiro deveria ser escolhido no décimo dia do mês e levado para a casa. Depois, pelos próximos quatro dias, eles teriam que tratar o cordeiro como se fosse parte da família. As crianças poderiam fazer carinho, brincar e demonstrar afeto ao cordeiro. Quatro dias eram suficientes para que esse pequeno cordeiro mudasse de um animal da fazenda para um membro da família.

Depois do tempo que passaram juntos, eles precisavam pegar aquele cordeirinho fofo, levá-lo para fora e abatê-lo, para que seu sangue pudesse ser aspergido ao redor das portas da casa, junto com um ramo de hissopo. Por que Deus faria as famílias passarem por esse processo de se apegar ao cordeirinho, apenas para ter que massacrá-lo terrivelmente e espalhar seu sangue por aí? Deus queria mostrar que havia uma razão para fazer isso com o Seu povo, deixando-os comovidos no processo. Ele queria que isso fosse mais do que apenas um ritual com animais. Há um preço a ser pago quando o assunto é derramamento de sangue; um preço que é pago com o coração, não apenas com a carteira.

Na noite que o sangue foi espalhado nas portas, o Senhor veio. Onde houvesse sangue na porta, Ele passaria direto. Onde não houvesse, Ele deixaria a morte ao passar. Observe que isso não era sobre judeus vs. egípcios, escolhidos vs. não escolhidos, ou escravos vs. libertos – tudo se tratava do sangue. No entanto, a importância do sangue não pode ser subestimada. O povo de Israel não foi salvo por ser o povo escolhido de Deus, eles foram salvos pelo sangue na porta. Se alguma família negligenciasse a ordem de colocar sangue na porta, o anjo destruiria seus primogênitos hebreus, assim como faria com os primogênitos egípcios.

Mais tarde, enquanto estavam vagando pelo deserto, a arca da aliança foi feita, e os olhos dos querubins, em cima da arca, estavam direcionados ao propiciatório, onde o sangue era espalhado, para a redenção dos pecados da nação. Deus vê o sangue, e o sangue do cordeiro sacrificado libertava o povo do julgamento e da morte, não importando quem eles eram.

A sombra e a substância física na Páscoa Judaica

O sangue aspergido é a sombra. O aprendizado do que é a substância física vem de João Batista, o precursor de Cristo. Como o seu nome indica, João estava no rio batizando pessoas. E então, um dia, ele olhou para cima e "viu Jesus aproximando-se e disse: 'Vejam! É o Cordeiro de Deus, que tira o pecado do mundo!'" (Jo. 1:29). De todas as expressões que João poderia ter usado para chamar o aguardado Messias, por que ele utilizou essa? A expressão "leão de Judá" teria tido muito mais impacto; uma escolha mais apropriada para começar um grande movimento messiânico. No entanto, João viu em Jesus uma missão ainda mais poderosa e cheia de propósito. Ele viu em Jesus aquilo que qualquer judeu teria em sua mente durante a Páscoa Judaica: o cordeiro para sacrifício que eles haviam trazido para suas casas, dado carinho e depois abatido – com seu sangue sendo derramado para a salvação de todos que se refugiam sob ele.

A sombra da Páscoa Judaica foi cumprida na substância física de Jesus. Paulo escreveu: "Pois Cristo, nosso Cordeiro pascal, foi sacrificado" (1 Co. 5:7). Aquilo que foi dado a Israel há muitos anos ainda pode ser aplicado a nós hoje em um nível muito maior. É o sangue de Cristo, na porta do nosso coração, que fará com que a morte passe reto por nós. A morte que estamos evitando não é a física, mas sim a espiritual – uma eternidade separados de Deus.

Há uma segunda sombra que podemos encontrar na Páscoa Judaica. Quando um viajante deixa o Egito para uma longa jornada, ele precisará de comida. O tempo da partida para os judeus foi bastante repentino e, com certeza, inesperado, depois que o Faraó renegou as próprias promessas, uma atrás da outra. Devido à pressa, não houve tempo para que os hebreus pudessem embalar alguns *bagels* nova-iorquinos para a viagem. Um pão fermentado, crocante e quentinho estava, definitivamente, fora de cogitação. E por quê? Não havia tempo para deixar o fermento agir. Sem fermento, sem crescimento. Sem crescimento, sem pão fermentado.

Como resultado desse curto espaço de tempo para a partida do povo, os hebreus saíram com a comida que conseguiram levar. Eles pegaram um pouco de farinha, misturaram com água e jogaram no forno. Enquanto assava, a superfície do forno formava listras marrons no pão. Os responsáveis pelo forno furavam a massa para não deixar o pão borbulhar ou crescer. Depois de pouco tempo assando, o resultado foi um pão achatado – uma comida que era feita menos para apreciar e mais para saciar a necessidade física.

Para garantir que as futuras gerações lembrassem da pressa com que os hebreus fugiram, o Senhor instituiu a Festa dos Pães Ázimos, para ser celebrada junto com a Páscoa Judaica.

> A Páscoa do Senhor começa no entardecer do décimo quarto dia do primeiro mês. No décimo quinto dia daquele mês começa a festa do Senhor, a festa dos pães sem fermento; durante sete dias vocês comerão pães sem fermento. No primeiro dia façam uma reunião sagrada e não realizem trabalho algum. Durante sete dias apresentem ao Senhor ofertas preparadas no fogo. E no sétimo dia façam uma reunião sagrada e não realizem trabalho algum. (Lv. 23:5-8)

Eles foram ordenados a comer este pão, sem fermento e achatado, por sete dias. Por que sete dias? Esta era uma medida de precaução. Sete dias é tempo suficiente para garantir que não haverá nenhum fermento "por engano" na massa.

A substância física da sombra dos pães ázimos pode ser novamente vista em 1 Coríntios 5:7. A ordem de Paulo para nós foi: "Livrem-se do fermento velho, para que sejam massa nova e sem fermento, como realmente são". O que é o fermento velho do qual estamos nos livrando? O pecado. Paulo prosseguiu dizendo: "Por isso, celebremos a festa, não com o fermento velho, nem com o fermento da maldade e da perversidade, mas com os pães sem fermento da sinceridade e da verdade" (versículo 8). Quando somos perdoados por nossos pecados, nós nos tornamos sem fermento – puros e santos diante de Deus.

Quem é o nosso melhor exemplo de vida sem fermento? Jesus. Ele viveu nesta terra tempo suficiente para que todos vissem que não havia fermento Nele. "Porque não temos sumo sacerdote que não possa compadecer-se das nossas fraquezas; antes, foi ele tentado em todas as coisas, à nossa semelhança, mas sem pecado" (Hb. 4:15). Na Última Ceia, Jesus pegou o pão sem fermento da Páscoa Judaica, partiu ao meio e disse: "Isto é o meu corpo oferecido por vós; fazei isto em memória de mim" (Lc. 22:19). O sangue do cordeiro, da Páscoa Judaica, é a sombra do sacrifício que Cristo fez para tirar nossos pecados. O pão purificado de toda fermentação cumpre seu propósito na perfeição sem pecado do Pão da Vida.

O sacrifício de Jesus Cristo é o que faz toda a diferença em nossa eternidade. Se não aceitarmos a Jesus Cristo e o perdão que vem do Seu sacrifício, a visão do dia que se aproxima irá parecer bastante com a luz de um trem que se aproxima. Entretanto, ao fazermos de Jesus nosso Senhor e Salvador, nós podemos aguardar esperançosos para ver nosso Messias retornar logo. Sabemos que o momento em que O encontrarmos nas alturas será o começo de uma eternidade na Sua gloriosa presença.

CAPÍTULO 6

A GRANDE SOMBRA DAS OUTRAS FESTIVIDADES

A PÁSCOA JUDAICA FOI A PRIMEIRA FESTA INSTITUÍDA, O que causou um grande impacto. Esse evento lembrou os hebreus do poder e da fidelidade de Deus, uniu a todos como um único povo e deu a oportunidade para que eles celebrassem um culto nacional. Embora a Páscoa Judaica tenha sido a primeira das festividades, certamente não foi a última. Outras seis festas vieram depois desta – cada uma delas com seus próprios rituais e propósitos. Assim como a Páscoa Judaica, cada uma dessas outras festas possuía uma sombra e a substância física definitiva.

Festa das primícias

No dia seguinte à Páscoa Judaica, os sacerdotes costumavam reunir cestos de grãos. Depois de torrar os grãos, eles os trituravam, de forma grosseira, e despejavam a farinha grossa em uma tigela grande. Depois, acrescentavam azeite de oliva, transformando a farinha em uma pasta aromática. Então, um dos sacerdotes levantava a tigela diante de Deus, reconhecendo que a colheita vinha do Senhor.[1] Ele é quem proveu as sementes para plantar; Ele é quem mandou a chuva para molhar as sementes; Ele é quem fez a plantação crescer.

Esse era o ritual que acontecia na Festa das Primícias. O Senhor disse a Moisés:

> Fala aos filhos de Israel e dize-lhes: Quando entrardes na terra, que vos dou, e segardes a sua colheita, então, trareis um feixe das primícias da vossa messe ao sacerdote; este moverá o molho perante o Senhor, para que sejais aceitos; no dia imediato ao sábado, o sacerdote o moverá. No dia em que moverdes o molho, oferecereis um cordeiro sem defeito, de um ano, em holocausto ao Senhor. A sua oferta de manjares serão duas dízimas de um efa[3] de flor de farinha, amassada com azeite, para oferta queimada de aroma agradável ao Senhor, e a sua libação será de vinho, a quarta parte de um him[4]. Não comereis pão, nem trigo torrado, nem espigas verdes, até ao dia em que trouxerdes a oferta ao vosso Deus; é estatuto perpétuo por vossas gerações, em todas as vossas moradas. (Lv. 23:10-14)

"Mas, Amir, quando eu pesquisei sobre essa festa na minha enciclopédia bíblica, havia uma foto de um sacerdote que segurava, contente, um feixe de grãos recém-cortados diante do Senhor. Ele não estava levantando uma tigela com uma pasta que cheirava alguma coisa." A confusão surge na tradução da palavra "feixe", que no texto original, em hebraico, é *omer*. Um *omer* era uma unidade de medida, pensada para ser o equivalente à quantidade de grãos que precisa ser embalada.[2] Essa quantidade ficava entre 3L e 3,5L. Quando lemos a palavra "feixe", neste contexto, ela se refere à quantidade de grãos moídos, e não à forma daqueles grãos.

---

3 Cerca de um pouco mais de três litros.
4 Cerca de um litro.

O reconhecimento da bênção de Deus pelas primícias acontecia no dia depois do *Shabat*. Em hebraico, cada dia da semana é enumerado: primeiro dia, segundo dia, terceiro dia... até o último dia da semana, o *Shabat*. Portanto, o dia depois do *Shabat* é o primeiro dia (domingo).

O movimento anual de domingo pela bênção da provisão de Deus era uma ótima oportunidade para o povo de Israel agradecer e adorar ao Senhor. No entanto, essa era apenas uma sombra de uma realidade ainda melhor que, novamente, é encontrada em Cristo. Mateus descreve os acontecimentos de outra celebração das primícias:

> No findar do sábado, ao entrar o primeiro dia da semana, Maria Madalena e a outra Maria foram ver o sepulcro. E eis que houve um grande terremoto; porque um anjo do Senhor desceu do céu, chegou-se, removeu a pedra e assentou-se sobre ela. O seu aspecto era como um relâmpago, e a sua veste, alva como a neve. E os guardas tremeram espavoridos e ficaram como se estivessem mortos. Mas o anjo, dirigindo-se às mulheres, disse: Não temais; porque sei que buscais Jesus, que foi crucificado. Ele não está aqui; ressuscitou, como tinha dito. Vinde ver onde ele jazia. (Mt. 28:1-6)

Jesus Cristo, aquele que havia sido crucificado e morto há apenas três dias, não permaneceu morto. Quão oportuno foi que Ele tenha ressuscitado no dia da celebração das primícias! Como Paulo nos explicou: "Cristo ressuscitou dentre os mortos, sendo ele as primícias dos que dormem" (1 Co. 15:20). Jesus não apenas ressuscitou no dia das primícias, Ele é a primícia. É claro, a implicação da palavra *primícia* é que haverá outros depois desse. Quando Paulo falou sobre a ressurreição dos mortos, ele disse: "Cada um, porém, por sua própria ordem: Cristo, as primícias; depois, os que são de Cristo, na sua vinda" (versículo 23). Da mesma forma que Cristo foi trazido de volta dos mortos para experimentar a vida eterna, nós, que pertencemos a Ele, um dia também seremos trazidos de volta a uma vida que nunca acabará.

Há um debate em que muitos discutem se é certo designar o domingo como "o dia do Senhor." É claro que é certo! O domingo, sendo o primeiro dia da semana, é o dia das primícias. É um dia de celebração e de reconhecer a maravilhosa esperança que encontramos em Jesus Cristo, que morreu por nossos pecados e ressuscitou no primeiro dia da semana, concedendo-nos a vida eterna.

A festa das semanas (Pentecostes)

Quando falamos sobre os planos de Deus, alguns de nós estão sempre preocupados com a contagem. Quantas semanas já se passaram? Quantas luas de sangue já surgiram no céu? Eles fazem isso na tentativa de desvendar algum suposto código, ou para encontrar alguma informação escondida no que Deus planejou. Infelizmente, toda essa contagem serve apenas para desviar a atenção das pessoas das verdades que o Senhor escreveu de forma clara nas Escrituras, fazendo especulações que nem estão nas Escrituras.

Quando a Bíblia quer que prestemos atenção a um acontecimento ou fenômeno específico, ela chamará sua atenção para tal. Quando a Bíblia quer que você faça alguma contagem, ela assim lhe instruirá. Em Levíticos 23 está escrito:

> Contareis para vós outros desde o dia imediato ao sábado, desde o dia em que trouxerdes o molho da oferta movida; sete semanas inteiras serão. Até ao dia imediato ao sétimo sábado, contareis cinquenta dias; então, trareis nova oferta de manjares ao Senhor. No mesmo dia, se proclamará que tereis santa convocação. (Versículos 15-16, 21)

Celebrem a festa das primícias, contem 50 dias depois da festa, e então, no quinquagésimo dia, reúnam-se diante do Senhor.

A tradição judaica afirma que levou 50 dias, andando pelo deserto, para que os judeus conseguissem ir do Egito até o Monte Sinai. Quando chegaram lá, de acordo com o Talmude (livro dos escritos rabínicos judeus), um fenômeno bizarro aconteceu quando a lei foi dada a Moisés no monte. À medida que a lei foi entregue para o povo de Israel, as ondas sonoras da voz de Deus ficaram visíveis e tomaram a forma de línguas de fogo dentre os que estavam ajuntados para ouvir.[3]

Muitos anos depois, algo parecido aconteceu, porém, muito mais poderoso:

> Ao cumprir-se o dia de Pentecostes, estavam todos reunidos no mesmo lugar; de repente, veio do céu um som, como de um vento impetuoso, e encheu toda a casa onde estavam assentados. E apareceram, distribuídas entre eles, línguas, como de fogo, e pousou uma sobre cada um deles. Todos ficaram cheios do Espírito Santo e passaram a falar em outras línguas, segundo o Espírito lhes concedia que falassem. (At. 2:1-4)

Os discípulos haviam se ajuntado com um propósito – e não, isso não era um comercial da *Honda*. Assim como todo bom judeu fazia naquele dia, eles estavam celebrando a festa de Pentecostes. Lembre-se, os discípulos, assim como Jesus, eram judeus justos e seguidores da lei.

A propósito, recentemente eu ouvi um pastor falar que Jesus não era judeu, mas sim palestino. Eu não sei qual foi a Bíblia que ele leu, mas, com certeza, não era a Bíblia correta. Jesus era tão judeu quanto um judeu pode ser.

Enquanto os judeus celebravam a sombra, que era o surgimento da lei no Dia de Pentecostes (*Pentecoste* é o nome grego para a Festa das Semanas e significa "cinquenta"), Deus revelou a substância física, que era muito mais poderosa. Ele nos mandou o Espírito Santo. Isso era algo novo, e os judeus nunca haviam experimentado isso antes; nem o mundo jamais havia visto algo assim.

No Antigo Testamento, o ministério do Espírito Santo era muito diferente do que o que nós experimentamos hoje. Antigamente, Ele possuía uma conexão mais "bate e volta" com Seus receptores. Quando uma determinada tarefa precisava ser cumprida, ou determinada mensagem precisava ser entregue, o Espírito Santo vinha sobre um servo ou mensageiro específico, permitindo que ele ou ela pudesse cumprir com o que Deus os chamou para fazer. Uma vez que a missão estivesse concluída, o Espírito Santo deixava aquele indivíduo. No Pentecostes, tudo isso mudou. Desta vez, o Espírito Santo desceu e ficou de forma permanente naquele grupo de fiéis. Ele os encheu e os selou, e a partir daí a igreja nasceu.

Este selo do Espírito Santo é um dom maravilhoso dado pelo Senhor. Primeiro, ele assegura que o Espírito nunca possa ser retirado de nós. O Espírito Santo é como a melhor supercola do mundo. Quando algo é selado por Deus, não pode ser aberto novamente.

Em segundo lugar, esse selamento nos marca como propriedade do Senhor. No passado, quando uma carta era enviada de uma pessoa importante a outra, ela era selada com argila ou cera. Uma porção de uma dessas substâncias era colocada na abertura do envelope, e um selo era impresso sobre ela, deixando uma marca de propriedade. De forma parecida, Deus nos deu o Espírito Santo como um selo de pertencimento. Quando Ele nos vê, Ele sabe que pertencemos a Ele, pois enxerga o selo sobre nossos corações. Nós pertencemos a Ele, e ninguém pode nos levar para longe Dele.

Há mais uma sombra que é representada na Festa das Semanas, e ela tem relação com os principais participantes do ritual dos feixes de trigo – os sacerdotes. Mas por que essa honra foi dada à tribo de Levi? Eles não eram os primogênitos. Eles não eram a maior tribo. Levi era um homem violento que, ao lado do seu irmão, Simeão, destruiu uma cidade inteira como vingança pelo estupro de sua irmã, Diná.

A história da escolha de Levi começa no Monte Sinai. Moisés esteve no alto daquela montanha por semanas, sem dizer uma só palavra sobre o que estava acontecendo para o povo lá embaixo. Na verdade, não havia sequer sinal dele. O povo, naturalmente, começou a se perguntar se alguma coisa havia acontecido com aquele homem de mais idade. Então, alguém lembrou que Moisés foi para o alto das montanhas sem água e sem comida, e não havia nenhum indício de restaurantes de *fast food* ou *delivery* no topo do monte. Eles presumiram que Moisés, em hipótese alguma, poderia estar vivo. Era muito mais provável que Deus tinha se frustrado com Moisés e que o seu líder destemido tinha sido frito por um raio, ou sido enterrado sob algum infeliz deslizamento de terra.

Sem nenhum líder visível e com um Deus invisível que estava ficando um pouco desconfortável de estar por perto, o povo começou a ficar impaciente. Eles queriam um novo líder, alguém em quem pudessem mandar um pouco, e que não estivesse de mau humor o tempo todo. Eles também queriam um deus mais gentil e bondoso, um deus que pudessem ver, tocar e mover de um lado para o outro em um carrinho. Eles encontraram no irmão de Moisés, Arão, um líder maleável, e então descobriram um deus pequenininho e feliz no fogo.

"Faça-nos um deus", eles disseram, e Arão respondeu "Hum... está bem". O povo levou brincos de ouro para Arão e depois, como ele disse a Moisés de forma não convincente: "e eu o lancei [o ouro] no fogo, e saiu este bezerro" (Êx. 32:24). Aparentemente, as horas que ele passou moldando e esculpindo o deus bezerro evaporaram da sua mente.

É claro, do alto da montanha, Deus sabia exatamente o que estava acontecendo lá embaixo e deu uma pista para Moisés. Uma descida rápida da montanha e algumas tábuas quebradas depois, Moisés interviu energicamente. O povo estava fora de controle em sua adoração depravada e luxuriosa àquele ídolo. Portanto, como vimos há alguns capítulos:

> Então ficou em pé, à entrada do acampamento, e disse: "Quem é pelo Senhor, junte-se a mim". Todos os levitas se juntaram a ele, pôs-se em pé à entrada do arraial e disse: Quem é do Senhor venha até mim. Então, se ajuntaram a ele todos os filhos de Levi, aos quais disse: Assim diz o Senhor, o Deus de Israel: Cada um cinja a espada sobre o lado, passai e tornai a passar pelo arraial de porta em porta, e mate cada um a seu irmão, cada um, a seu amigo, e cada um, a seu vizinho. E fizeram os filhos de Levi segundo a palavra de Moisés; e caíram do povo, naquele dia, uns três mil homens. (Êx. 32:26-28)

Por causa da fidelidade desta única tribo, em seu zelo por proteger a santidade e a justiça do Senhor, Ele os separou para serem Seus servos especiais.

Alguns milênios depois, a substância física do Pentecostes apareceu novamente – desta vez, dentre os discípulos e seguidores de Jesus, que oravam e esperavam. Jesus havia ido embora, mas Ele pediu para que eles aguardassem. O Pai tinha algo especial para eles, e eles saberiam o que era quando vissem. De repente, o silêncio foi quebrado por um som parecido com uma enorme rajada de vento. Línguas de fogo apareceram e desceram sobre cada um deles, e junto das chamas estava o prometido Espírito Santo, que encheu cada um deles por inteiro.

Com o Espírito Santo, veio poder, ousadia e uma estranha e nova habilidade de falar em línguas que eles nunca haviam aprendido antes. Saindo com ímpeto da sala onde estavam, com o mesmo zelo e confiança com os quais os levitas percorreram o acampamento, esses novos evangelistas ungidos encheram as ruas, que estavam lotadas de visitantes, vindos de todo o Império Romano para a Festa de Pentecostes. Esses viajantes, acostumados a tentar quebrar a barreira do aramaico para se comunicar, de repente, ouviram o Evangelho de Jesus Cristo em suas próprias línguas. Aquilo era um avivamento, uma genuína colheita de almas! Lucas nos diz que: "Então, os que lhe aceitaram a palavra foram batizados, havendo um acréscimo naquele dia de quase três mil pessoas" (At. 2:41). Três mil pessoas receberam a vida eterna em um mesmo dia.

Se o número "3 mil" lhe soa estranhamente familiar, você só precisa voltar para a história do bezerro de ouro. Três mil foram mortos por causa da sua rebelião. A lei era suficiente para revelar o pecado, e o sacrifício de Cristo foi suficiente para remover os pecados. A lei mata, mas o Espírito nos dá vida.

A festa das trombetas

Depois de um longo período sem festividades, transitando entre as celebrações de primavera e outono, nós chegamos à Festa das Trombetas. Esta é a festa número 1 no *ranking* de *feriados mais bizarros* do calendário judeu. "E aí, pessoal, venham para Jerusalém. Nós vamos tocar umas trombetas aqui, e aí depois vocês podem voltar para casa."

Essa sombra foi explicada em três versículos curtos:

> Disse mais o Senhor a Moisés: Fala aos filhos de Israel, dizendo: No mês sétimo, ao primeiro do mês, tereis descanso solene, memorial, com sonidos de trombetas, santa convocação. Nenhuma obra servil fareis, mas trareis oferta queimada ao Senhor. (Lv. 23:23-25)

Quando pensamos em uma trombeta sendo tocada em Israel, é fácil de confundi-la com o *shofar*. Mesmo nos dias de hoje, você pode ir ao Muro das Lamentações e ver homens jovens, no seu Bar Mitzvah, sendo erguidos ao som estridente de um desses chifres ocos de carneiro.

No entanto, as trombetas desta festa eram outras. Elas estão descritas em Números 10:1-10. Havia duas delas, ambos forjadas em prata. Qual deveria ser o propósito dessas trombetas fora dos dias da festa? O povo queria se preparar; se preparar para agir, se preparar para lutar, se preparar para algo ou alguém especial que estivesse por vir.

Por que não utilizar o *shofar*, que era um som com o qual o povo já estava acostumado? Por que prata? Prata é um metal precioso, mas não tão precioso. Prata não é ouro. Embora especiais, as trombetas foram feitas para ter uma utilidade. Elas não foram feitas apenas para serem exibidas.

Por que duas? Para responder essa pergunta, precisamos dar uma olhada em uma das parábolas de Jesus, onde encontraremos a substância física. Quando Jesus estava ensinando o Sermão do Monte das Oliveiras, vocês devem se lembrar que Ele estava sentado no Monte das Oliveiras, em uma conversa privada com Seus discípulos, e falando sobre os sinais do fim dos tempos. Ele disse: "Aprendei, pois, a parábola da figueira: quando já os seus ramos se renovam e as folhas brotam, sabeis que está próximo o verão. Assim também vós: quando virdes todas estas coisas, sabei que está próximo, às portas" (Mt. 24:32-33). O que ele mostra ser importante não é a árvore da figueira, que estava ali perto, mas sim a parábola sobre a figueira. Lembre-se, a figueira representa alguma outra coisa.

Quando olhamos para o livro do profeta Joel, podemos ler: "Porque veio um povo contra a minha terra, poderoso e inumerável; os seus dentes são dentes de leão, e ele tem os queixais de uma leoa. Fez de minha vide uma assolação, destroçou a minha figueira, tirou-lhe a casca, que lançou por terra; os seus sarmentos se fizeram brancos" (Jl. 1:6-7). Qual é a terra que essa nação acabou de destruir? A terra do Senhor – a nação de Israel – que é a figueira de Deus. Isso se confirma pelo profeta Oséias: "Achei a Israel como uvas no deserto, vi a vossos pais como as primícias da figueira nova" (Os. 9:10). Os patriarcas de Israel foram as primícias produzidas pela figueira de Deus. Eles eram a Sua nação santa.

Então, quando Deus falou através do profeta Ezequiel sobre o retorno do Seu povo à terra, dizendo: "Tomar-vos-ei de entre as nações, e vos congregarei de todos os países, e vos trarei para a vossa terra" (Ez. 36:24), Ele estava falando sobre a colheita da figueira. A figueira destruída de Joel 1:7 será restaurada e, quanto ela voltar a dar frutos, Deus irá juntar o Seu povo para voltar para a sua terra.

Aquele mesmo pastor que alegou que Jesus era palestino também falou sobre a terra de Israel. Ele disse que os judeus eram intrusos, que eles expulsaram os legítimos proprietários daquela terra. E quem esse pastor disse que eram os proprietários legítimos? Os palestinos, é claro. O que esse pastor diria para Abraão, que foi o primeiro a quem Deus deu aquela terra? O que ele diria ao profeta Ezequiel, através do qual o Senhor prometeu o retorno dos judeus àquela terra? A Bíblia deixa claro que a terra pertence a Deus, e Ele pode entregá-la a quem Ele escolher; e a nação que Ele escolheu para dar a terra foi Israel.

Deus deixou claro que seria Ele quem ajuntaria o Seu povo das nações, e que seria Ele quem os traria de volta àquela terra. Não fui eu quem trouxe meus avós do holocausto para Israel. Deus permitiu que eles sobrevivessem. Deus os levou novamente até Israel. Ninguém mais os ajudou. Nenhum país ficou ao lado deles quando Israel teve problemas para se tornar uma nação e manter a sua existência. Deus, e somente Deus, fez isso acontecer.

Bem, vamos voltar à nossa questão substancial: Por que duas trombetas? Israel, a figueira de Deus, é o cumprimento de uma das trombetas. Lembre-se, as trombetas anunciam que alguém está vindo ou que algo está para acontecer. Isaias escreveu: "Vós sois as minhas testemunhas, diz o Senhor, o meu servo a quem escolhi; para que o saibais, e me creiais, e entendais que sou eu mesmo, e que antes de mim deus nenhum se formou, e depois de mim nenhum haverá" (Is. 43:10). A obra de Deus na nação de Israel, em especial a maneira como Ele trouxe o povo de volta à terra, é um testemunho do Seu poder e do Seu plano. Você já se perguntou se há mesmo um Deus todo poderoso? Então olhe para os judeus, que se espalharam pelo mundo todo, e que hoje estão de volta em uma nação próspera, exatamente como Deus prometeu. É por isso que o inimigo quer destruir Israel. Ele está sempre procurando maneiras de destruir as provas e matar as testemunhas.

A segunda trombeta foi revelada por Jesus. Quando estava para retornar aos céus, Ele disse aos Seus discípulos: "mas recebereis poder, ao descer sobre vós o Espírito Santo, e sereis minhas testemunhas tanto em Jerusalém como em toda a Judeia e Samaria e até aos confins da terra" (At. 1:8). Israel foi a primeira testemunha do poder de Deus e a igreja é a segunda. Juntos, nós somos a única verdadeira testemunha de Deus neste mundo, e é por isso que sempre acabaremos sofrendo juntos. Qualquer um que esteja contra Israel é também, normalmente, anticristão.

No entanto, há mais substância física nesse ressoar das trombetas. Paulo escreveu sobre o tempo em que Deus irá retirar a Sua igreja da Terra. "Eis que vos digo um mistério: nem todos dormiremos, mas transformados seremos todos, num momento, num abrir e fechar de olhos, ao ressoar da última trombeta. A trombeta soará, os mortos ressuscitarão incorruptíveis, e nós seremos transformados" (1 Co. 15:51-52). Jesus está voltando para a Sua noiva, e o anúncio do Seu retorno será feito com o toque de uma trombeta.

Desde que Israel foi reformada para se tornar uma nação, em 1948, as duas testemunhas, novamente, têm ressoado o aviso. A existência de Israel e o testemunho da igreja estão dizendo a todos que ouvirem: "Preparem-se, alguém está vindo e algo está prestes a acontecer". Esse alguém é Jesus, e esse algo é o Senhor, arrebatando a Sua igreja, "num abrir e fechar de olhos, ao ressoar da última trombeta".

Eu creio que nessa substância física do retorno do Senhor, a Festa das Trombetas não seja um evento único. Houve uma série de ressoar de trombetas – eventos que foram preditos pelos profetas do Antigo Testamento – e ainda haverá outros. Um dia virá o som de uma trombeta e, naquele momento, nós, que pertencemos a Cristo, seremos levados daqui para a presença do nosso Salvador.

Há mais um ressoar de trombetas, o qual introduzirá a nossa última substância física. No Monte das Oliveiras, Jesus disse aos seus discípulos:

> Então, aparecerá no céu o sinal do Filho do Homem; todos os povos da terra se lamentarão e verão o Filho do Homem vindo sobre as nuvens do céu, com poder e muita glória. E ele enviará os seus anjos, com grande clangor de trombeta, os quais reunirão os seus escolhidos, dos quatro ventos, de uma a outra extremidade dos céus. (Mt. 24:30-31)

Quando Jesus Cristo retornar ao mesmíssimo lugar de onde Ele falou essas palavras, Ele será precedido pelo ressoar das trombetas, anunciando a sua chegada. Essa fanfarra será diferente daquela do arrebatamento. As trombetas do arrebatamento, que serão ouvidas no céu, anunciarão a Sua partida para ajuntar o Seu povo. As trombetas da segunda vinda, que serão ouvidas aqui na Terra, anunciarão a Sua chegada com o Seu povo.

Ainda há mais uma diferença entre as trombetas do arrebatamento e as trombetas da segunda vinda. Nós não sabemos quando as trombetas do arrebatamento irão ressoar. Ninguém sabe, "nem os anjos no céu, nem o Filho, senão o Pai" (Mc. 13:32). No entanto, com a segunda vinda, nós sabemos exatamente quando isso irá acontecer. Todas as outras festas possuem uma data exata para acontecer. Com a festa das trombetas não é diferente. A substância física da Páscoa Judaica foi cumprida na Páscoa Judaica. A substância física do Dia da Expiação será cumprida no Dia da Expiação. Da mesma forma, a Festa das Trombetas terá seu cumprimento durante a Festa das Trombetas. Quando os sete anos de tribulação chegarem ao fim, todos devem olhar para o céu no momento desta grande festividade. Se assim o fizerem, eles verão o Rei dos reis e Senhor dos senhores descendo ao Monte das Oliveiras para tomar Seu trono legítimo em Jerusalém.

O dia da expiação

Essa era a sexta celebração das festas anuais, e a mais trágica de todas. O senhor disse a Moisés: "aos dez deste mês sétimo, será o Dia da Expiação; tereis santa convocação e afligireis a vossa alma; trareis oferta queimada ao Senhor" (Lv. 23:27). "Afligireis a vossa alma" significa estar ciente de que estamos totalmente perdidos. Não há nada que possamos fazer para salvar a nós mesmos. Os judeus acreditam que "afligir" significa jejuar. No entanto, quando a Bíblia quer que jejuemos, ela nos instrui a fazer isso, mas não há nenhum jejum mencionado aqui. Este é um dia para reconhecer que a humanidade é totalmente inadequada e que Deus é totalmente suficiente.

A substância física do Dia da Expiação pode ser encontrada nas palavras do profeta Zacarias: "E sobre a casa de Davi e sobre os habitantes de Jerusalém derramarei o espírito da graça e de súplicas; olharão para aquele a quem traspassaram; prantéa-lo-ão como quem pranteia por um unigênito e chorarão por ele como se chora amargamente pelo primogênito" (Zc. 12:10). Quando o povo judeu vir Jesus retornando em Seu cavalo branco, Seus pés pisando no Monte das Oliveiras e a igreja O cercando enquanto retornamos com Ele, o remanescente de Israel finalmente O reconhecerá por quem Ele é. Eles vão chorar por Ele enquanto olham para Aquele que seus antepassados traspassaram.

O choro, no entanto, se transformará em alegria imensa. Essa revelação do Messias os levará à bendita promessa, que podemos ler em Romanos 11. Um avivamento acontecerá entre o povo escolhido de Deus, e isso será tão poderoso e alcançará a tantas pessoas que "todo o Israel será salvo" (versículo 26). Deixe para Deus retirar uma sombra, que é tão focada na tristeza e no choro, e transformá-la em uma realidade cheia de graça e regozijo.

A festa dos tabernáculos

A última festa do calendário judeu é a Festa dos Tabernáculos. "Fala aos filhos de Israel, dizendo: Aos quinze dias deste mês sétimo, será a Festa dos Tabernáculos ao Senhor, por sete dias." (Lv. 23:34). Diferente do Dia da Expiação, que é a festividade mais curta e triste de todas, a Festa dos Tabernáculos é a mais longa e alegre de todas.

Essa celebração, de uma semana, era única dentre as festividades; era um tempo para todo o povo de Israel – judeus e gentios – virem para Jerusalém e celebrar.

> Ajuntai o povo, os homens, as mulheres, os meninos e o estrangeiro que está dentro da vossa cidade, para que ouçam, e aprendam, e temam o Senhor, vosso Deus, e cuidem de cumprir todas as palavras desta lei; para que seus filhos que não a souberem ouçam e aprendam a temer o Senhor, vosso Deus, todos os dias que viverdes sobre a terra à qual ides, passando o Jordão, para a possuir. (Dt. 31:12-13)

Enquanto as pessoas se ajuntavam e preenchiam as ruas de Jerusalém, elas montavam pequenos abrigos temporários – tendas ou tabernáculos – para se abrigarem. O propósito dessa festa era a leitura anual da Lei do Senhor. A razão de montarem tendas era para lembrar o povo de quando eles tiveram que viver em abrigos temporários por 40 anos enquanto esperavam para entrar na Terra Prometida.

A substância física dessa festividade é encontrada nas palavras do profeta Zacarias. Ele nos conta que nós ainda iremos celebrar essa festa por muito tempo. Entretanto, nesse tempo futuro, nós iremos celebrar na presença do Senhor, pessoalmente: "Todos os que restarem de todas as nações que vieram contra Jerusalém subirão de ano em ano para adorar o Rei, o Senhor dos Exércitos, e para celebrar a Festa dos Tabernáculos" (Zc. 14:16). Assim como antigamente, essa festividade será para todas as pessoas. Todos estarão em tendas (tabernáculos), diante do Senhor, e Ele estará lá, para habitar (tabernacular) com o Seu povo.

As festas já foram concretizadas?

Cada um dos festivais do calendário judeu possui um significado mais profundo e poderoso. Quatro deles já foram concretizados, um deles está acontecendo agora, e os outros dois ainda estão por vir. A Páscoa Judaica foi concretizada na crucificação de Cristo, os Pães Ázimos foram representados pela vida sem pecado de nosso Senhor. As primícias foram celebradas em Sua gloriosa ressurreição, e as Semanas contemplaram o derramamento do Espírito Santo na igreja.

Hoje, nós temos Trombetas tocando ao nosso redor, enquanto os eventos mundiais nos levam mais próximos do retorno de Cristo. O Dia da Expiação terá uma concretização maravilhosa, quando toda Israel vier a Cristo e, junto com a igreja, irão habitar (tabernacular), no reino milenar, juntos com o próprio Deus.

Quando a última trombeta irá ressoar, finalizando a Festa das Trombetas e dando passagem para as últimas duas festas? Nós não sabemos. Se Deus quisesse que nós soubéssemos o dia exato, Ele teria agendado uma reunião no Google Calendar. Nós apenas sabemos que o dia se aproxima cada vez mais a cada toque da trombeta.

Enquanto esperamos, precisamos nos perguntar: Que tipo de trombeta nós somos? Novamente, as trombetas são como avisos e sinais de que alguém está vindo ou que algo está para acontecer. Nossas vidas devem estar claramente ressoando esse aviso, para que as pessoas possam saber que precisam estar preparadas. Paulo nos avisou: "se a trombeta der som incerto, quem se preparará para a batalha?" (1 Co. 14:8). **Precisamos nos certificar de que nossas palavras e ações mostrem claramente que Jesus está voltando logo, e que todos precisamos estar preparados para encontrá-Lo.**

CAPÍTULO 7

UM OLHAR SOBRE O ORIENTE MÉDIO

SE VOCÊ TIVESSE PARADO NO CRUZAMENTO DA ESTRADA de ferro de Bowling Green, em Ohio, em 15 de maio de 2001, é bem provável que o seu atraso tenha sido causado por um trem CSX de 47 vagões que estava passando. Ao que tudo indicava, esse trem parecia ser como qualquer outro pelo qual você já havia esperado com os dedos se movendo de forma impaciente pelo volante. No entanto, se você tivesse olhado mais atentamente, teria notado uma diferença assustadora neste trem – o vagão do motor estava completamente vazio. Devido a um erro operacional em um pátio ferroviário, ao lado da estação de Toledo, o motor começou a rodar por conta própria. Logo, ele já estava indo em direção ao sul, a aproximadamente 50 km/h, levando os 47 vagões consigo em um passeio alegre sem maquinista.

O pânico se instalou rapidamente. Não havia somente o medo da possibilidade de um descarrilamento em uma área povoada, mas também havia um perigo a mais – dois vagões-tanque cheios de fenol. Esse líquido tóxico pode causar problemas graves se entrar em contato com a pele ou se for inalado. Alguns desviadores foram colocados nos trilhos de uma área não povoada, na tentativa de forçar o trem para fora dos trilhos, mas o motor descontrolado passou direto por cima deles. A polícia tentou acessar o botão de emergência para cortar o combustível, mas isso também não funcionou.

Desesperados, um novo plano surgiu. Dois maquinistas pegaram um outro trem e seguiram no trilho ao lado do trem desgovernado. Quando o trem passou fazendo muito barulho, eles foram atrás dele. Com muito cuidado, eles aceleraram até que estivessem bem perto do último vagão. Cada vez mais perto, eles finalmente conseguiram ouvir o estalo do trem deles sendo acoplado ao último vagão. Imediatamente, eles usaram o freio dinâmico e começaram a orar. Assim foi, quilômetro por quilômetro, enquanto o motor fazia força para conter a tração de um trem sem maquinista. Finalmente, quando a velocidade alcançou aproximadamente 18 km/h, um especialista em trens conseguiu ficar lado a lado com o trem para detê-lo.[1]

Há muitas pessoas que veem o Oriente Médio como um trem desgovernado. Guerra na Síria, ambições nucleares no Irã e o grupo ISIS (Estado Islâmico) massacrando pessoas indiscriminadamente. O Oriente Médio está sempre avançando, mas não parece que há um maquinista à frente dele. Quem vai conseguir desacelerar as coisas? A Rússia? Os Estados Unidos? Ou talvez Israel, a Turquia ou o Irã? Talvez a pergunta não seja quem vai pará-lo, mas sim se alguém consegue pará-lo, ou mesmo desacelerá-lo.

Talvez nós precisemos dar mais um passo para trás. Talvez a pergunta não seja *quem* vai parar o trem desgovernado do Oriente Médio, mas sim *se* o Oriente Médio está realmente fora de controle. Há possibilidade de que, ao invés de um caos selvagem, o que iremos testemunhar seja parte de um plano muito maior? É possível que, mesmo que nós não vejamos o maquinista, haja alguém dirigindo esse trem?

A resposta é sim. Não apenas é possível, mas isso é exatamente o que está acontecendo. O trem desgovernado do Oriente Médio não está desgovernado. Ele está 100% dentro de seu curso, preso em uma linha férrea feita para ele há muitos séculos.

Espere o inesperado

Um dos maiores erros que podemos cometer, quando o assunto é entender a Deus, é deduzir que Ele agirá da maneira que achamos que Ele *deveria* agir. Se fizer sentido para nós, então com certeza deveria fazer sentido para Ele. Pessoas boas deveriam ter vidas felizes e fáceis. Pessoas más deveriam ter vidas desagradáveis e desconfortáveis, até que aprendessem a ser justas, como as pessoas boas. Quando Deus está envolvido em algo, tudo deveria correr de forma suave e em abundante paz. Se Deus remove a Sua mão, tudo penderá para a destruição.

Mas será que essa é mesmo a maneira como Deus age?

Quando lemos a Bíblia, percebemos rapidamente que Deus trabalha de forma muito diferente daquela que esperamos. Isso geralmente acontece por estarmos filtrando o que vemos através da nossa própria perspectiva limitada. Em Salmos está escrito: "Como são grandes, Senhor, as Tuas obras! Os Teus pensamentos, que profundos! O tolo não compreende, e o insensato não percebe isto: ainda que os ímpios brotem como a erva, e floresçam todos os que praticam a iniquidade, serão destruídos para sempre" (Sl. 92:5-7). O autor desse salmo estava olhando em volta e tentando descobrir a razão pela qual os ímpios estavam se dando tão bem. Tudo que eles tocavam parecia virar ouro, enquanto aqueles que seguiam a Deus pareciam estar com dificuldade para sobreviver.

Essa era a dificuldade que quase custou ao chefe dos músicos de Davi, Asafe, a própria fé. Ele escreveu: "Quanto a mim, porém, quase me resvalaram os pés; pouco faltou para que se desviassem os meus passos. Pois eu invejava os arrogantes, ao ver a prosperidade dos perversos" (Sl. 73:2-3). Há um ditado, frequentemente atribuído a Groucho Marx, que diz: "Em quem você vai acreditar: em mim ou em seus próprios olhos enganosos?" Deus poderia nos perguntar a mesma coisa.

Nossos olhos enganosos nos dão apenas a visão temporária. Não conseguimos ver o que está no futuro, sabemos pouco do passado e, mesmo no presente, nossa visão do que está ao nosso redor é limitada. Nós podemos pensar que os ímpios estão se dando bem enquanto os justos sofrem, mas apenas porque não conseguimos ver através dos olhos de Deus. Ele possui uma visão eterna. Ele não apenas sabe que o maligno será destruído para sempre, mas Ele também possui um plano perfeito para que isso aconteça. Enquanto nossos olhos e mente conseguem compreender apenas um jogo de damas, Deus está jogando xadrez em 3D.

Os judeus? Sério?

A Terra na qual vivemos pertence a Deus. Ele a fez e realizará os planos que tem para ela. O rei Davi escreveu: "Ao Senhor pertence a terra e tudo o que nela se contém, o mundo e os que nele habitam. Fundou-a ele sobre os mares e sobre as correntes a estabeleceu" (Sl. 24:1-2). Você sabia que a palavra hebraica para "criar" (*bara*) é apenas usada com Deus como seu sujeito? Em outras palavras, apenas Deus pode criar algo do nada. Seres humanos podem até ser criativos – eles podem pegar as coisas que Deus já criou e transformá-las em algo que tem a aparência, o toque, o cheiro e o gosto diferentes. No entanto, apenas Deus pode transformar algo da sua mente diretamente em realidade.

Por Deus ser o Criador de todas as coisas, tudo está sob Seu direito de posse. Ele fez tudo e todas as coisas pertencem a Ele. Portanto, Ele pode fazer o que quiser com elas. Seria algo aterrorizante se Deus fosse diferente da maneira como O conhecemos. É preciso apenas observar a longa linhagem de imperadores romanos sádicos para ver o que acontece quando autoridade e poder ilimitado caem em mãos indignas. Por outro lado, o nosso Criador é digno. Ele é santo e justo. **Tudo o que ele faz é certo. Todos os Seus caminhos são perfeitos. Isso é o que nos traz paz quando o mundo parece fora de controle.** Deus está no controle da direção enquanto trabalha em Seu plano perfeito.

Um dos exemplos de que Deus está cumprindo o Seu plano perfeito, que ainda faz muita gente coçar a cabeça, é quando Ele escolheu Israel para ser o Seu povo escolhido. Os judeus? Sério? Por que Ele não escolheu os chineses? Eles são em maior quantidade. E quanto aos suíços? Eles se dão bem com todo mundo, e o chocolate deles é uma delícia. A lógica de Deus é muito diferente da nossa.

Tudo começou quando Deus criou Adão e Eva. Tudo estava indo bem, e o mundo ainda podia ostentar o perfeito título criado por Deus de "Bom". Todavia, mais tarde, vieram a árvore, o fruto e o pecado. Quando chegamos a Gênesis 6, Deus lamenta ter criado a humanidade. Ele estava prestes a descartar tudo aquilo. No entanto, havia um homem – Noé – que ainda estava fazendo o que era correto. Deus resgata Noé e sua família, e da linhagem deste homem Ele coloca Seus olhos em um homem pagão, que morava na Mesopotâmia. Este homem pagão é o pai dos judeus – Abrão – que mais tarde se tornou Abraão.

O que o Senhor viu em Abrão? Apenas o próprio Deus pode responder isso. O Senhor disse a ele:

> Sai da tua terra,
> da tua parentela
> e da casa de teu pai
> e vai para a terra que te mostrarei;
> de ti farei uma grande nação,
> e te abençoarei,
> e te engrandecerei o nome.
> Sê tu uma bênção!
> Abençoarei os que te abençoarem
> e amaldiçoarei os que te amaldiçoarem;
> em ti serão benditas todas as famílias da Terra. (Gn. 12:1-3)

Você já se perguntou por que os judeus foram perseguidos de forma tão severa através dos séculos? Não é preciso olhar para além dessa promessa de Deus para Abrão. Deus escolheu esse povo para ser aqueles por meio dos quais Ele se apresentaria para o restante do mundo. Através deles, Ele iria fazer conhecidos a Sua Palavra e o Seu plano. Através deles Ele faria conhecidos o Seu amor, graça, misericórdia, santidade, justiça, poder, sabedoria e paciência. Através dos judeus, o mundo iria conhecer o desejo de Deus em ter um relacionamento com a Sua criação. Desta nação, viria Aquele que tornaria o relacionamento com Deus possível.

Jesus era judeu, descendente da tribo de Judá, assim como eu. Quando Jesus nasceu, da linhagem abraâmica, Ele proclamou em alto e bom tom quem Deus realmente é. Enquanto a nação de Israel anunciou Deus em um sussurro, Jesus proclamou o Seu Pai com um megafone. A Sua vida toda era uma declaração da glória de Deus. Ele foi longe em proclamar, de maneira ousada, que "Eu e o Pai somos um" (Jo. 10:30). Em outras palavras, não há diferença entre o que é visto em Jesus e o que é visto em Deus, o Pai.

Mesmo assim, nem os discípulos entenderam isso. Na noite anterior à crucificação de Jesus, Ele disse ao seu círculo íntimo de seguidores "Se vós me tivésseis conhecido, conheceríeis também a meu Pai. Desde agora o conheceis e o tendes visto" (Jo. 14:7). Mas Filipe, depois de passar três anos escutando os sermões de Jesus, presenciando Suas curas, e depois de muitas conversas enquanto caminhavam os milhares de quilômetros que percorreram juntos, ele ainda pediu a Jesus para ver o Pai. Espantado com a falta de compreensão, Jesus disse: "Filipe, há tanto tempo estou convosco, e não me tens conhecido? Quem me vê a mim vê o Pai; como dizes tu: Mostra-nos o Pai? Não crês que eu estou no Pai e que o Pai está em mim?" (versículos 9 e 10). Isso é o equivalente a Jesus dar umas batidas na cabeça dos discípulos e dizer: "Olá, tem alguém aí? Vocês estão prestando atenção no que estou falando?"

Desde que Jesus veio e nos mostrou perfeitamente quem o Pai é, chegou o momento para a humanidade dar uma resposta: aqui está Deus. O que vocês vão fazer quanto a isso? Quando Paulo visitou Atenas, ele havia sido convidado para pregar diante de todos os grandes filósofos do Areópago. Desafiando-os na futilidade de seu politeísmo ambicioso, ele os chamou para encarar e responder à realidade de um único e verdadeiro Deus. "Sendo, pois, geração de

Deus, não devemos pensar que a divindade é semelhante ao ouro, à prata ou à pedra, trabalhados pela arte e imaginação do homem. Ora, não levou Deus em conta os tempos da ignorância; agora, porém, notifica aos homens que todos, em toda parte, se arrependam" (At. 17:29-30). Não podemos declarar ignorância agora que a Verdade visitou a Terra.

Este mesmo imperativo para arrependimento encontra-se no mundo todo, e na maioria das igrejas de hoje. Não há salvação sem arrependimento. Arrepender-se é reconhecer seus erros e comprometer-se, de todo coração, em se afastar deles. Nós não devemos nos conformar com igrejas rasas, que pregam só o que as pessoas querem ouvir, na tentativa de manter os assentos ocupados, os membros felizes, e os pratos de ofertas cheios. Deus determinou um dia em que Ele julgará o mundo. Chega de brincadeira. Jesus veio ao mundo, portanto é hora de levar nossas vidas e missões a sério.

A terra de Israel? Sério?

Deus não apenas escolheu um povo, mas Ele também escolheu uma região do mundo. O Oriente Médio de hoje, árido e arenoso, parece uma localização tão improvável para o plano de Deus de mostrar quem Ele é para o mundo quanto os judeus parecem um povo improvável. No entanto, as coisas não eram como vemos hoje. No tempo do Antigo Testamento, a região conhecida como Crescente Fértil era muito valorizada e frequentemente disputada.

A palavra *crescente* diz respeito ao formato da região, que parece com um *croissant* apontando para baixo no topo do Deserto da Arábia. Seguindo o caminho para o norte e oeste, essa região começa no que, nos dias de hoje, é o Irã e leste do Iraque, atravessando a Turquia e de volta para o oeste da Síria, Líbano e Israel. A palavra *fértil* é em razão da agricultura e da produção tecnológica daquela terra. Como resultado de uma região cheia de recursos, muitas grandes civilizações antigas nasceram ali: acadianos, sumérios, assírios, babilônios, medos e persas. Cada um desses impérios era uma superpotência do seu tempo e, se eles quisessem negociar com a outra superpotência, o Egito, havia apenas uma rota para fazer isso, e ela passava bem no meio da terra prometida de Abraão e seus descendentes – a terra de Israel.

Não havia lugar mais estratégico para Deus anunciar a Sua existência ao mundo do que em uma pequena faixa de terra no mediterrâneo. Depois que Deus resgatou o Seu povo da escravidão do Faraó no Egito, a terra do leite e do mel é para onde Ele direcionou Moisés a levar o povo. Eles foram o meio que Deus usou para mostrar o Seu poder e fidelidade ao mundo. Além disso, eles também foram a forma que Deus usou para testar as nações ao redor.

Há aproximadamente 20 anos, eu comecei a viajar pelo mundo. Minha primeira viagem missionária foi para as Filipinas, e eu lembro de estar empolgado e apavorado ao mesmo tempo. Muita oração e preparação precederam o embarque, em Tel Aviv. Um dos *insights* que Deus me deu enquanto eu orava foi que eu conseguiria distinguir se a igreja na qual eu faria o sermão pregava a verdade ou não de acordo com o que ela ensinava sobre Israel. A visão da igreja sobre o povo escolhido de Deus pode servir como um teste para saber a verdade. Se a igreja desconsiderasse Israel, colocando a nação na lata de lixo da História, então, provavelmente, eu não poderia confiar nela como uma igreja que prega a verdade. Se ela desonra o povo que Deus honrou com o Seu nome e o Seu Messias, eu acho difícil de acreditar que o Senhor iria honrar essa igreja. Lembre-se da promessa de Deus a Abraão: "Abençoarei os que te abençoarem e amaldiçoarei os que te amaldiçoarem" (Gn. 12:3). Da mesma forma que Deus observa como as nações e as pessoas tratam Israel, eu observo como as igrejas tratam o povo escolhido.

Infelizmente, Israel acabou sendo um mau porta-voz de Deus, e as pessoas estabeleceram um padrão muito baixo para a fidelidade. Na verdade, não só Israel foi um teste para as nações, mas as *nações* também foram um teste para Israel, para ver se as pessoas seguiriam ou não a Deus. Depois que Josué falhou em liderar os israelitas para uma limpeza completa da Terra Prometida, o Senhor decidiu preservar o povo pagão remanescente, dizendo: "também eu não expulsarei mais de diante dele nenhuma das nações que Josué deixou quando morreu; para, por elas, pôr Israel à prova, se guardará ou não o caminho do Senhor, como seus pais o guardaram" (Jz. 2:21-22). Israel sucumbiria à tentação de seguir deuses pagãos, assim como todas as outras nações? A resposta é um *sim* com bastante ênfase.

Vez após vez, o povo de Israel abandonou o único Deus vivo para correr atrás de deuses de mentira, feitos de ouro, prata e madeira. Toda vez que eles faziam isso, um confronto, divinamente orquestrado, atravessava o seu caminho, na forma de um exército invasor, seguido de uma sujeição. Enquanto o ciclo da rebelião se repetia, o poder e a vontade do Deus poderoso eram mostrados em todo o seu esplendor.

Em Jeremias 25, Deus convocou um grande exército para causar uma enorme destruição. Quem estava à frente desse exército? Um grande rei de Judá? Um homem que descendia da linhagem de Davi? Isso era impossível, pois esse exército foi mandado para lutar contra a nação de Judá.

> Portanto, assim diz o Senhor dos Exércitos: Visto que não escutastes as minhas palavras, eis que mandarei buscar todas as tribos do Norte, diz o Senhor, como também a Nabucodonosor, rei da Babilônia, meu servo, e os trarei contra esta terra, contra os seus moradores e contra todas estas nações em redor, e os destruirei totalmente, e os porei por objeto de espanto, e de assobio, e de ruínas perpétuas. (Jr. 25:8-9)

Deus puniu a infidelidade do Seu povo usando um rei pagão, de um império pagão – Nabucodonosor – a quem Deus chamou de "Meu servo".

Isso significa que Nabucodonosor estava fazendo o bem ao trazer morte e destruição contra a sua nação indefesa? Absolutamente não. Três versículos depois, em Jeremias 25, Deus disse: "Acontecerá, porém, que, quando se cumprirem os setenta anos, castigarei a iniquidade do rei da Babilônia e a desta nação, diz o Senhor, como também a da terra dos caldeus; farei deles ruínas perpétuas" (Jr. 25:12). "Mas como isso é justo?" alguns podem protestar, "isso significa que Deus os estava punindo por fazer a Sua vontade?"

Não, Deus os puniu pelo seu pecado. O ímpeto de atacar foi todo deles. O desejo pela violência e pela destruição vieram do próprio coração contaminado deles. Deus, em Seu infinito poder, foi capaz de utilizar o pecado que o povo da Babilônia iria cometer de qualquer forma, para cumprir o Seu propósito.

Quando o pai de José, Jacó, morreu no Egito, todos os seus irmãos ficaram aterrorizados, pensando que ele finalmente iria se vingar deles por venderem-no como escravo. Mas, a resposta de José foi: "Não temais; acaso, estou eu em lugar de Deus? Vós, na verdade, intentastes o mal contra mim; porém Deus o tornou em bem, para fazer, como vedes agora, que se conserve muita gente em vida" (Gn. 50:19-20). **Mesmo quando as pessoas fazem de tudo para se rebelar contra os justos caminhos de Deus, Ele ainda está no controle.**

Muçulmano contra muçulmano

Ao longo da História, o Oriente Médio tem sido foco de violência e guerras. Porém, como já vimos, mesmo quando parece que essa região está em constante revolta, Deus ainda está no controle. Hoje em dia, muito do que está acontecendo tem foco no conflito entre os dois grandes impérios do Oriente Médio: Arábia Saudita e Irã. Muitas pessoas ficaram surpresas pelo fato de que essas duas nações muçulmanas e poderosas, as quais possuem um histórico de terrorismo contra o Ocidente, são inimigas mortais uma da outra. O conflito delas não é sobre disputa territorial ou recursos naturais. É sobre facções religiosas dentro do Islã. A Arábia Saudita, juntamente com cerca de 87% a 90% de todos os muçulmanos[2], é sunita, enquanto o Irã é xiita. O que aparenta ser uma simples diferença para o Ocidente poderia causar a sua morte no Oriente Médio.

Quando Maomé morreu, em 632 d.C., houve um desentendimento sobre quem deveria assumir o islamismo. Um grupo acreditava que uma pessoa de confiança de Maomé, Abu Bakr, deveria se tornar o novo califa (líder). Na visão deles, essa posição deveria ficar com o homem mais competente para executar a função, determinado pelo consenso de uma liderança. Essa ramificação do islamismo chama-se *sunita*, devido à expressão *Ahl al-Sunnah*, que significa "povo da tradição".

O outro grupo acreditava que Maomé designou o seu primo e genro, Ali, para ser o próximo grande líder e que, a partir de Ali, todos os líderes deveriam vir da sua linhagem. Estes são os *xiitas*, devido a expressão *Shiat Ali*, que significa "partido de Ali".

Ao longo dos séculos, a disputa pela liderança de um sucessor os levou a vários atos de violência e inúmeras vidas perdidas. Acredite se quiser, o Irã e a Arábia Saudita se odeiam mais do que eles odeiam Israel.

Atualmente, os xiitas, do Irã, estão mandando armas para todo Oriente Médio, atiçando o fogo do sectarismo. Eles estão armando governos ou rebeldes no Líbano, na Síria, no Iêmen e no Iraque. Para combater isso, os sunitas, da Arábia Saudita, estão utilizando suas próprias táticas. Em março de 2018, depois de um jogo de futebol amistoso entre os times da Arábia Saudita e do Iraque, o rei Salman, da Arábia Saudita, fez algo que teria deixado Dale Carnegie orgulhoso. Ele se ofereceu para construir um estádio de 135 mil lugares no Iraque[3.] "Toma aqui, um estádio gigante, vamos ser amigos. A propósito, que tal nos unirmos contra esses iranianos nojentos?"

Nem todas as táticas sauditas foram agradáveis desse jeito. Em novembro de 2017, o primeiro-ministro libanês, Saad Hariri, pegou um voo até a Arábia Saudita. No momento em que os sauditas estavam com ele em seu país, eles decidiram estender a sua estadia por tempo indeterminado, até que ele denunciasse o Irã e renunciasse ao seu cargo de primeiro-ministro[4].

Com a rixa ficando pior e o medo de um ataque nuclear do Irã se tornando mais real, é bem possível que as tensões atuais poderiam se transformar em uma guerra total. Há revoltas políticas, econômicas e religiosas em todo o Oriente Médio e, nesse meio tempo, Israel está bem no meio de tudo isso, aproveitando um tempo de prosperidade e segurança sem precedentes.

Do Salmo 83 a Ezequiel 38

Tudo que vemos acontecer no Oriente Médio já foi dito na Bíblia. Nada é aleatório. Nada está fora de controle. O que estamos observando é uma transição como nenhuma outra antes vista. Acredito que, à medida que vamos observando os eventos que acontecem no mundo todo, nós vamos testemunhando uma mudança de realidade, do Salmo 83 até um pouco antes de Ezequiel 38. O salmista Asafe escreveu estas palavras proféticas:

> Ó Deus, não te cales; não te emudeças,
> nem fiques inativo, ó Deus!
> Os teus inimigos se alvoroçam,
> e os que te odeiam levantam a cabeça.
> Tramam astutamente contra o teu povo
> e conspiram contra os teus protegidos.
> Dizem: Vinde, risquemo-los de entre as nações;
> e não haja mais memória do nome de Israel. (Sl. 83:1-4)

Essa previsão assustadora nos fala a respeito de um grande ataque a Israel pelas nações vizinhas. O seu objetivo é o genocídio, ou seja, a destruição do povo de Israel, ao ponto que até o próprio nome da nação não será mais lembrado. A destruição do povo de Deus quase aconteceu por causa de Roma, em 70 d.C. e 135 d.C. Como vimos anteriormente, o imperador Adriano, para garantir a destruição final desse povo rebelde, pareceu agir exatamente de acordo com o Salmo 83. Procurando roubar a identidade nacional de Israel, os soberanos romanos renomearam Jerusalém para *Élia Capitolina*, e Judá para *Síria Palestina*. Ainda assim, ao invés de sentir o peso do Império Romano acabando com os judeus, o povo de Deus saiu de Judá como água em uma esponja. Eles se espalharam pelas nações civilizadas – muitas vezes assimilando-se a essas novas culturas, ou criando seus próprios enclaves.

O nome *Israel* ficou escondido durante séculos, até 1948, quando, de repente, voltou à tona novamente. O Salmo 83 não foi concretizado por Roma. Israel voltou a existir novamente como identidade nacional e, assim que a nação judaica voltou à vida, todos as nações árabes vizinhas fizeram o máximo possível para acabar com essa vida. O Líbano, a Síria, a Jordânia, o Egito e o Iraque atacaram. Porém, Deus ainda lembrou das Suas alianças, mesmo que elas tivessem um milênio de idade. As promessas da aliança com Abraão começaram a se concretizar, e Deus envergonhou todos aqueles que vieram contra Israel.

Não há explicação para que o meu país, que é novo, com o seu pequeno exército, tenha sido capaz de resistir ao ataque árabe. Tínhamos dois aviões na nossa força aérea. Com uma mão, o piloto segurava o manche, e com a outra, jogava as bombas. Tínhamos um total de cinco veículos blindados e a maioria do nosso exército era composta de sobreviventes do holocausto que nunca seguraram uma arma antes na vida. Mesmo assim, eles devastaram os bem equipados e treinados países árabes que ficaram contra eles. Mas como? Foi Deus. Isso aconteceu em 1948 e novamente em 1967.

Inúmeras vezes, nas duas guerras, pelotões árabes fugiram daquilo que tinham certeza de que seria um gigantesco ataque israelense. Tudo o que viam e ouviam ao redor indicava que eles estavam prestes a ser invadidos. Mais tarde, descobriram que, na época, não havia soldados israelenses naquelas áreas. Deus, de uma maneira bem real, mandou Seu exército celestial para lutar pelo Seu povo.

Em outra situação, o pelotão de soldados de Israel estava no meio de um campo minado. Um movimento errado poderia custar as vidas de muitos soldados. O que tornava a situação ainda pior era que o amanhecer não estava longe e, quando o sol nascesse, eles ficariam expostos e se tornariam alvos muito fáceis para as forças armadas árabes. Juntos, esses soldados oraram para que Deus interviesse. De repente, um vento começou a soprar. Ele ficou tão forte que a tropa teve que se abaixar e proteger os olhos e ouvidos do redemoinho de areia e sujeira. O vento soprou por 20 minutos e, tão de repente quanto começou, ele parou. Levantando-se do chão, o pelotão olhou ao redor e descobriu que todas as minas antes enterradas agora estavam à mostra. Os soldados saíram de lá em segurança pouco antes do sol nascer.

Não foi o poder do exército de Israel que trouxe vitória para eles. Foi Deus que envergonhou as outras nações. Não só Israel não perdeu, em 1948, mas a nação saiu da guerra com 30% mais terras do que quando entrou no conflito. Deus absolutamente está no controle no Oriente Médio, cumprindo Seus planos e realizando Suas promessas. Ele levou os judeus para fora do período de Salmos 83. O dia de Ezequiel 38 está se aproximando rápido, e isso fica ainda mais evidente quando pensamos no Oriente Médio como um todo, e em Israel em particular.

CAPÍTULO 8

UM OLHAR SOBRE ISRAEL

ONDE ESTÁ DEUS EM ISRAEL? ESSA É UMA PERGUNTA QUE sempre me fazem, principalmente aqueles que querem desdenhar dessa moderna nação, dizendo que ela não é diferente de qualquer outro país. Parece que, nos dias de hoje, o único Deus que é visível, enquanto andamos por Jerusalém, é o Jeová do Judaísmo, do Antigo Testamento; o furioso Alá do Islã, ou o antigo Adonai da Ortodoxia. É claro que, se procurarmos direito, encontraremos igrejas cristãs evangélicas espalhadas por aqui e ali. Mas elas são poucas e distantes entre si.

No entanto, a maior preocupação é a falta de atenção geral a Deus no cenário nacional. De muitas formas, Israel parece ser um estado secular, com uma fina película de religiosidade – um ateu em roupa de rabino. Uma noite na vida noturna de Tel Aviv deixará seus visitantes confusos, se perguntando se realmente estão em Israel ou se foram teletransportados para Amsterdã, São Francisco ou Sodoma. As raízes do sionismo podem ser encontradas no coletivismo de Karl Marx e, mesmo assim, ele ainda conseguiu se desenvolver no capitalismo individualista de Ayn Rand. Novamente, as pessoas perguntam: onde está Deus em Israel?

Uma análise da Israel de hoje

A melhor forma de responder a essa pergunta é olhar para as condições do país hoje. Nos últimos 10 anos, houve uma mudança extraordinária – a transformação do Salmo 83, que aprendemos no último capítulo. Essa pequena nação, pressionada contra a costa leste do Mediterrâneo, se tornou uma potência financeira e militar mundial.

Primeiramente, Israel se tornou uma superpotência da Revolução da Informação. Nós somos líderes em segurança cibernética e em outras áreas da tecnologia e microprocessamento. A maioria das pessoas conhece o Vale do Silício, localizado em São Francisco, na Califórnia. Essa região está na vanguarda da tecnologia e da informação, ostentando 39 empresas na Fortune 100, e com um estoque aparentemente infinito de *startups* de capital de risco (venture capital)[1]. Israel possui, o que agora é considerado, o segundo Vale do Silício, chamado de Silicon Wadi[2]. O local fica nos arredores de Tel Aviv e ostenta mais *startups* per capita que em qualquer outro lugar no mundo.

Tecnologia financeira, descobertas médicas e avanços na agricultura também são áreas dentre as quais Israel é um dos líderes. Com uma invenção e inovação após a outra, Israel manteve-se à frente no crescimento. Na década de 1930, um imigrante polonês em Israel, Simcha Blass, tinha um limoeiro em seu quintal. Ele regava a árvore todo dia, mas ela não florescia. Zangado com a árvore, ele decidiu parar completamente de regá-la. Certa vez, ele pegou um avião para a Europa, para uma longa conferência, e deixou sua mangueira de água jogada ali perto.

Depois de algumas semanas, Blass voltou e encontrou seu limoeiro todo florido. Ele ficou chocado e também um pouco frustrado. Como isso aconteceu? Era algo pessoal entre ele e a árvore? Era esse o conceito de lealdade da árvore ao seu dono? Enquanto procurava por respostas, ele descobriu que havia um pequeno furo na mangueira. Esse furo deixava escorrer água até o limoeiro, gota por gota, o que fez com que o solo ficasse suficientemente úmido para deixar a árvore feliz. O resultado foi 90% a menos de uso de água, com 90% mais limões. Foi assim que a irrigação por gotejamento foi inventada. A agricultura foi revolucionada, e o Sr. Blass acabou com mais *shekels* do que conseguia administrar.[3]

Vacas israelenses são as mais produtivas do mundo. Cada mugido é computadorizado. Com um brilhantismo bovino, os agrônomos israelenses desenvolveram um processo que leva essas criaturas a continuar bombeando leite, como se mal pudessem esperar para tirá-lo de suas tetas

Quando os judeus começaram com o reassentamento da terra, na virada do século XIX, o solo era seco e empoeirado, ou pantanoso e com malária em todo lugar. Agora, quando olhamos para a terra, vemos uma riqueza verde escura de fertilidade. Isso é porque, por décadas, Israel liderou no quesito recuperação de água. Atualmente, a nação purifica mais de 80% de suas águas residuais para utilizá-las novamente[4]. Uma vez, eu fui a uma fazenda muito bonita, e uma moça de lá me mostrou um tanque redondo. A água parecia muito cristalina e refrescante. Ela perguntou quanto eu achava que ele tinha de profundidade, e eu disse:

– Uns dois ou três metros?

– Que tal uns nove metros? – ela respondeu. – Quer provar um pouco?

– É claro – eu respondi, enquanto ela me dava um copo.

Eu tomei toda a água e, quando eu estava prestes a pedir mais, ela disse:

– Você acabou de beber a nossa água de esgoto.

Há poucas frases que podem ser ditas em qualquer língua e que terão o mesmo impacto dessas nove palavras. Quando ela viu minha reação – que eu tenho certeza de que ela já esperava – ela rapidamente ofereceu uma explicação. Ela disse:

– Quando dou descarga...

Outras três palavras que não acalmaram o pânico causado pelas outras nove.

– A água desce até um tanque. Neste tanque, existem plantas aquáticas flutuantes, que começam o processo de limpeza da água. Depois, ela vai para um segundo tanque, com plantas aquáticas diferentes. Quando a água chega no terceiro tanque, ela está perfeitamente purificada.

Em Israel, podemos encontrar água onde quer que consigamos obtê-la. Inclusive, nós aprendemos como extrair água do ar. Você deu um espirro? Nós filtramos para beber. É incrível.

Todas essas inovações estão fazendo Israel florescer como nunca antes. O PIB per capita atual é acima de 41 mil dólares[5], maior que o do Japão, da França ou da Grã-Bretanha. Lembre-se, nós somos um país pequeno, cercado de nações que estão em constante estado de guerra conosco.

A invasão muçulmana

Compare o sucesso crescente de Israel com o declínio do mundo Ocidental. Ao longo dos últimos anos, enquanto experimentamos um sucesso incomparável, o Ocidente teve dificuldades para lidar com as invasões muçulmanas em suas nações. Neste momento, há 700 mil muçulmanos na Líbia, aguardando por uma oportunidade de atravessar o Mediterrâneo em direção à Europa[6]. Além disso, também há muçulmanos de outros países. Mas por que eles estão fazendo isso? Por que eles querem fugir? A perseguição, infligida pelos próprios regimes, está levando o povo a deixar as suas casas e tudo o que possuem para trás. Não são apenas judeus e cristãos que estão sendo oprimidos e fugindo dos muçulmanos, mas também os próprios muçulmanos são oprimidos por eles mesmos.

Enquanto milhões de muçulmanos fogem do Oriente Médio para o mundo ocidental, eles estão mudando a identidade dos países para onde estão indo. Vendo que esse fenômeno estava acontecendo, o nosso governo de Israel tomou medidas para garantir que nós não perdêssemos nossa própria identidade, da mesma forma que o Ocidente está perdendo. Em 18 de julho de 2018, o Knesset (o parlamento de Israel) aprovou a lei da nação-estado judaico, que declara, em parte, que Israel é a terra natal do povo judeu, e que o hebraico é a sua língua mãe[7].

"Mas essas coisas não são evidentes?", alguns podem argumentar. Sim, são... por enquanto. Mas no ritmo da islamização no mundo, quem sabe como estaremos em 5, 10 ou 15 anos? Portanto, nós aprovamos a legislação, mas os líderes europeus rapidamente expressaram sua preocupação sobre o porquê fizemos algo que, na concepção deles, pareceu tão xenofóbico[8]. Eles ignoram o fato de que a nossa nova lei diz que a língua árabe possui um status especial. Pode não ser a língua do estado, mas, a ela, ainda é concedida grande honra. Talvez aqueles líderes europeus tenham ignorado esse fato, pois, mesmo que os seus países tenham muito mais muçulmanos que Israel, eles nunca concederam um status especial à língua árabe.

A Europa quer que Israel conceda o mesmo tipo de abertura e liberdade de fronteira que eles dão para os imigrantes muçulmanos na região deles. Não, obrigado. Na Europa Ocidental, a violência e o terror continuam a crescer em números alarmantes. Aqueles que conseguem dar um passo para trás e analisar de forma racional, estão dizendo que entendem a posição de Israel como a única fortaleza não muçulmana entre a Grécia e a Índia. A situação geopolítica de Israel é precária, portanto, nós precisamos proteger o que temos com vigor.

Não estou dizendo que todos os muçulmanos querem guerra. A maioria não quer. A maioria quer se dar bem com o restante do mundo. Eles querem viver em paz, construir família e ser boas pessoas. O problema é que esses muçulmanos, amantes da paz, não proclamaram a paz. Eles não se posicionam contra os radicais, que continuam mantendo seu domínio. Eles não condenam os terroristas quando são tratados como mártires. Terroristas não são mártires, eles são assassinos. Os bons seguidores do islamismo continuarão a ser marginalizados até que finalmente tenham coragem para se impor aos radicais e dizer "Agora chega".

As provações do mundo árabe

O mundo árabe está mudando; ele não possui mais o mesmo poder de antes. Com os preços do petróleo cada vez mais baixos no mundo todo, eles estão tirando a vantagem/posição que o Oriente Médio tinha. Antes disso, as nações árabes conseguiam ameaçar os países que faziam negócios com Israel com o petrodólar. No entanto, o poder do petrodólar enfraqueceu, e não apenas o preço do petróleo diminuiu, mas as fontes para obter esse petróleo aumentaram. No tempo em que esse livro for publicado, os Estados Unidos já terão passado a Arábia Saudita como o maior exportador de petróleo e gás do mundo.[9] Em outras palavras, o melhor amigo de Israel é o maior recurso de energia do mundo. Isso significa que o Japão, China, Índia, Coreia do Norte, Filipinas, Singapura e tantas outras nações podem finalmente fazer negócios com Israel, pois as ameaças da energia árabe foram neutralizadas.

Os levantes da Primavera Árabe ajudaram muito na paz e na segurança de Israel. As séries de rebeliões começaram com o presidente Barack Obama, no começo do seu primeiro mandato. Em seu discurso no Cairo, Egito, em 4 de junho de 2009, ele basicamente disse ao povo do mundo árabe que todos eles deveriam lutar pela democracia. Ele encorajou os jovens a expressar seus direitos humanos, falando o que pensam e exigindo ter voz em seus governos[10].

Isso mexeu com pessoas de muitas nações do Oriente Médio, onde já havia uma crescente insatisfação com a forma com que os países estavam sendo governados. Os protestos começaram, a violência estourou, e mais de um milhão de pessoas morreram até agora[11], no que se tornou menos uma Primavera Árabe e mais um "inverno muçulmano". Os países colapsaram um após o outro e, nesse tempo todo, Israel esteve crescendo firme e forte. De repente, o país que era anátema para todos se transformou em um país com o qual outras nações querem negociar. A Arábia Saudita e os seus vizinhos não estão mais denunciando Israel sobre a questão palestina, pois eles já possuem seus próprios problemas.

Quase todos os dias, caças voam em direção à Arábia Saudita – com mísseis que são feitos pelo Irã. O Irã fabrica essas armas, contrabandeando-as pela cidade portuária Hodeida, no Iêmen, as coloca nas mãos dos rebeldes do Iêmen, que as lançam na fronteira[12]. A Arábia Saudita está sendo atacada com frequência em suas fronteiras com o Iêmen e o Iraque. Isso coloca os sauditas em uma posição de procurar pelos inimigos do seu inimigo, o Irã, para que possam fazer amizade com eles. Mas quem é o maior inimigo do Irã no Oriente Médio? Israel. Quem está se tornando o melhor amigo de Israel? A Arábia Saudita.

A posição de Israel no Oriente Médio continua melhorando. O crescimento das amizades com seus vizinhos é mais uma evidência da transição do Salmo 83 para Ezequiel 38. No salmo, eles ainda estão sendo atacados de todos os lados:

> Pois tramam concordemente
> e firmam aliança contra ti
> as tendas de Edom e os ismaelitas,
> Moabe e os hagarenos, Gebal, Amom e Amaleque,
> a Filístia como os habitantes de Tiro;
> também a Assíria se alia com eles,
> e se constituem braço forte aos filhos de Ló. (Versículos 5 a 8)

Duas dessas nações se destacam. Os hagarenos, que se refere aos egípcios, e Amom, que é a Jordânia. Essas duas nações não são mais inimigas mortais de Israel. Elas chegaram à conclusão de que a existência de Israel é um fato, e que Israel é poderosa. Adicione a essa lista a mais recente amizade de Israel, a Arábia Saudita, um país do qual ambos, o Egito e a Jordânia, recebem bilhões de dólares todos os anos. Esses dois países decidiram que o amigo do amigo deles também seria seu amigo.

O crescimento das relações de Israel

Você ainda precisa de mais provas de que Israel está em uma posição melhor do que nunca? Ao longo dos últimos cinco anos, encontramos bilhões de metros cúbicos de gás natural[13]. Nós nos tornamos uma superpotência em energia do dia para a noite. Muitos governos vieram investir aqui. Eles querem garantir que vão ganhar uma fatia dessa torta enorme. Israel está usando essa nova riqueza de forma estratégica, pegando os lucros e aplicando-os em um fundo de investimentos, para que possamos recompensar as nações que nos tratam bem. "Você é meu amigo? Votou a nosso favor na conferência das Nações Unidas? Claro, nós adoraríamos mandar um pouco de dinheiro para o seu país".

E por falar em amizade, no momento em que escrevo, Israel está mais próxima dos Estados Unidos como nunca antes. Os governantes malucos do mundo todo perceberam que há alguém na Casa Branca ainda mais louco que eles. O presidente Donald Trump fez algumas mudanças inesperadas, porém incríveis, confirmando sua parceria com Israel. Os Estados Unidos saíram do pacto com o Irã e realocaram a sua embaixada para Jerusalém. Eles estão trabalhando com a Rússia para proteger a fronteira norte de Israel e impuseram sanções ainda mais severas ao Irã. Os EUA se retiraram do Conselho de Direitos Humanos da ONU, devido à tendenciosa posição deles contra Israel. Os Estados Unidos reconheceram a soberania de Israel sobre as colinas de Golã.

Não está convencido ainda? Israel está próxima da Índia como nunca antes. Hoje em dia, 46% de todas as exportações militares de Israel vão para a Índia[14]. Em julho de 2017, o primeiro-ministro da Índia, Narenda Modi, fez uma visita oficial a Israel. Aquela foi a primeira vez que um primeiro-ministro indiano fez isso. Em janeiro de 2018, o primeiro-ministro de Israel, Benjamin Netanyahu, devolveu essa honra.

Hoje, Israel possui uma aliança com relação a energia com a Grécia e com Chipre. Quase na mesma época em que Israel descobriu seus campos de gás natural, o Chipre também encontrou alguns em suas terras. Desde então, Israel e Chipre têm colaborado para desenvolver um gasoduto, e agora conduzem operações militares conjuntas. A Grécia, que possui conexões históricas com o reconhecido governo cipriota, está dando total apoio a essa parceria entre Israel e Chipre[15]. A Turquia, que está reivindicando o norte do Chipre, não está muito feliz com isso. Quanto mais riquezas chegarem ao Chipre, menos a Turquia se torna necessária. O presidente da Turquia, Recep Tayyip Erdogan, mal consegue controlar a sua fúria enquanto assiste aos F-16 de Israel sobrevoarem o que ele desejava que fosse a sua ilhazinha.

Quer mais? Israel desenvolveu uma forte conexão com o Grupo de Visegrado (V4)[16]. A aliança dessas quatro nações vem lá do século XIV, quando a Boêmia, a Polônia e a Hungria se encontraram na cidade de Visegrado para tratar de negócios comerciais, militares e econômicos. Desde então, essas nações passaram por diversas e diferentes eras e interações, mas se uniram novamente em 1991, no que conhecemos como o formato atual da aliança. O V4 atualmente consiste na República Tcheca, Eslováquia, Hungria e Polônia.

Em 2017, o primeiro-ministro Netanyahu visitou esses países – a primeira vez que um primeiro-ministro israelense fez isso desde a queda do comunismo. As relações estão sendo formadas, e há rumores de que esses países estão movendo suas embaixadas para Jerusalém. O ódio da União Europeia por Israel tem se manifestado resolução após resolução, voto após voto. Mas a UE foi estruturada para que até mesmo um único voto negativo impeça a resolução de ser aprovada. Israel agora estabeleceu uma relação de amizade com quatro votos negativos.

Não podemos esquecer da África. Israel esteve de volta a esse continente. Em 2016, Netanyahu se tornou o primo primeiro-ministro israelense a viajar para lá em décadas. Nessa viagem, ele ficou no leste do continente, visitando Uganda, Quênia, Ruanda e Etiópia. Depois, em 2017, junto com vários líderes africanos[17], ele compareceu a um almoço oficial de celebração da posse do presidente do Quênia, Uhuru Kenyatta. No passado, boa parte da África não queria nem saber de Israel, pois os muçulmanos os estavam estrangulando (ameaçando financeira e militarmente). Nesta ocasião, porém, eles estavam comendo na mesma mesa que Israel.

E, finalmente, nós vemos o cristianismo evangélico crescendo por todo o mundo, com exceção da Europa. Muitos desses evangélicos dão bastante apoio a Israel. Eles votam em líderes que apoiam Israel, doam dinheiro para os ministérios de lá e estão em constante oração pela paz em Israel.

Estamos em um momento, na profecia histórica, em que a nação de Israel deve permanecer segura. Uma pesquisa feita recentemente apontou que 89% dos israelenses se sentem felizes e seguros em seu país[18]. As pessoas perguntam: "Como podem se sentir seguros, quando lá é tão perigoso? Todo mundo ao redor deles quer lhes fazer mal". Confie em mim, é mais seguro em Israel do que em muitas outras partes do mundo. Compare Israel com Chicago. Geralmente, há mais pessoas assassinadas nessa cidade norte-americana, em um período de duas semanas, do que em um ano inteiro na nação de Israel.

Israel está vivendo um momento de segurança, proteção e prosperidade, como prometido em Ezequiel 38. Em Ezequiel 36, Deus diz: "Mas vós, ó montes de Israel, vós produzireis os vossos ramos e dareis o vosso fruto para o meu povo de Israel, o qual está prestes a vir. Porque eis que eu estou convosco; voltar-me-ei para vós outros, e sereis lavrados e semeados" (versículos 8 e 9). O que vemos agora? Uma terra frutífera que alimenta não somente a si mesma, mas também outras nações do mundo.

Em Ezequiel 37, quando o profeta estava diante de um vale cheio de guerreiros que, até momentos antes, eram apenas ossos secos, Deus disse: "Sabereis que eu sou o Senhor, quando eu abrir a vossa sepultura e vos fizer sair dela, ó povo meu. Porei em vós o meu Espírito, e vivereis, e vos estabelecerei na vossa própria terra. Então, sabereis que eu, o Senhor, disse isto e o fiz, diz o Senhor" (versículos 13-14). Essa promessa foi feita àqueles que sobreviveram ao holocausto. Nós vimos como Deus pegou os ossos secos daquelas pessoas e os trouxe à Terra Prometida de Israel, renovando suas vidas. O Salmo 83 foi concretizado. Os capítulos de Ezequiel

36 e 37 estão sendo concretizados. Agora, nos encontramos às portas de Ezequiel 38.

Deus está no controle

Mas então, quem realmente está no controle de Israel? E além disso, quem está no controle do Oriente Médio? Os russos acreditam que eles controlam a Síria. Os sauditas acreditam que eles controlam o petróleo. Os americanos acreditam que podem trazer paz a essa região. Porém, muitas vezes, há uma longa distância separando a crença da realidade.

> Os reis da terra se levantam,
> e os príncipes conspiram
> contra o Senhor e contra o seu Ungido, dizendo:
> Rompamos os seus laços
> e sacudamos de nós as suas algemas.
> Ri-se aquele que habita nos céus;
> o Senhor zomba deles. (Sl. 2:2-4)

Os governantes desse mundo se gabam do seu poder e dos seus planos, enquanto Deus apenas se senta e ri. Aquele que controla Israel é o mesmo que controla o Oriente Médio. Ele também é o mesmo que governa o mundo todo. Deus é quem está no controle, e Ele fará acontecer a Sua vontade. Quando você reconhecer essa verdade, conseguirá entender mais sobre o futuro do Oriente Médio do que o melhor analista da melhor agência de serviço secreto do mundo.

Há 20 anos, eu preguei que a Rússia, a Turquia e o Irã iriam se unir e chegar ao poder no Oriente Médio. Ninguém comprou a fita (na época era fita cassete) dessa pregação. Ninguém acreditou. Graças a Deus eu não tinha Facebook na época, pois as visualizações do vídeo teriam sido zero. Hoje, nós olhamos ao redor e vemos que, o que eu falei que iria acontecer, está realmente acontecendo. Eu não sou nenhum profeta, eu apenas acredito nos profetas. Eu leio a Bíblia, e é assim que eu sei o que vai acontecer. Deus nos contou o que está por vir, e Ele irá cumprir tudo isso para a Sua glória, a Sua majestade, e o Seu nome.

Eu não sei por que tantos cristãos têm medo do assunto *Oriente Médio*. Alguns pastores já me disseram: "Estou olhando em volta, e estou preocupado com o que vejo". Por que eles estão preocupados? Eu não estou. Deus sabe o que está fazendo. E se isso é verdade, é ridículo que nós tenhamos medo. **Deus está no controle do Oriente Médio e está no controle de Israel. Só isso já deveria ser suficiente para trazer paz aos nossos corações**, sem importar o quão ruim a loucura que vemos na televisão possa parecer.

Nós devíamos não apenas não ter medo, mas nos sentir encorajados. Tudo está acontecendo exatamente de acordo com o que Deus disse. O dia se aproxima. Como eu sei disso? Leia o Salmo 83. Leia Ezequiel 36 e 37. Depois, olhe para o Oriente Médio e para Israel. Pelo cumprimento da profecia e pelas atitudes das nações, toda aquela região do mundo está clamando "Venha, Senhor Jesus, venha!"

CAPÍTULO 9
QUANDO O RESTRITOR NÃO DETÉM MAIS

A CHUVA CONTINUOU CAINDO. FAZIA DIAS DESDE QUE O centro-sul da Pensilvânia não via o Sol. A água escorria pelas colinas abaixo, formando riachos que viravam pequenos rios, todos buscando poças onde a água pudesse ficar acumulada e encerrar sua jornada. Um desses lugares de coleta da água era o Lago Conemaugh – um reservatório criado quando a barragem South Fork foi construída na metade do século XIX. Décadas depois, a barragem estava prestes a revelar sua engenharia mal executada de uma maneira desastrosa.

Em 31 de maio de 1889, o constante aguaceiro finalmente prevaleceu. A barragem South Fork estourou, jorrando 3,8 bilhões de galões de água montanha abaixo, em direção a Johnstown, na Pensilvânia. Enquanto a água corria depressa, ela foi levando detritos – árvores, cabanas, trens. Ela também varreu vítimas enquanto arrasava as pequenas e indefesas cidades de South Fork, Mineral Point e East Conemaugh. Quando o fluxo finalmente atingiu Johnstown, por volta de 57 minutos depois, o paredão de água e destroços estava com pouco mais de 10 metros de altura, a uma velocidade aproximada de 64 km/h. A destruição foi inimaginável. Segundo relatos, 2.209 pessoas perderam a vida naquele dia, incluindo 99 famílias inteiras, varridas da face da Terra[1.]

Todo aquele potencial para destruição estava lá por anos, mas estava sendo impedido pela barragem. Quando o que restringia as águas foi removido, a devastação se instalou. Essa é a situação que Paulo apresenta em 2 Tessalonicenses 2. Há um poder de restrição – o Restritor – agindo nesse momento, mantido em segurança pelo Senhor. Mas ele não ficará lá para sempre. Um tempo está chegando quando o Restritor será removido. Nesse dia, é melhor as pessoas correrem para as colinas, pois a devastação estará prestes a acontecer.

A apostasia vindoura

Há uma grande confusão sobre as palavras de Paulo em 2 Tessalonicenses 2. Há uma pequena dúvida sobre se ele está realmente falando do fim dos tempos e da vinda do Anticristo. É o *tempo* dos eventos dessa passagem que cria esse debate. A origem da incerteza está menos nas palavras de Paulo, e sim em como as pessoas as leem. No entanto, muitos não seguem adiante na leitura completa, como deveriam.

Paulo começa: "Irmãos, no que diz respeito à vinda de nosso Senhor Jesus Cristo e à nossa reunião com ele, nós vos exortamos a que não vos demovais da vossa mente, com facilidade, nem vos perturbeis, quer por espírito, quer por palavra, quer por epístola, como se procedesse de nós, supondo tenha chegado o Dia do Senhor" (versículos 1-2). Havia um boato se espalhando, dizendo que Cristo havia voltado, e que os tessalonicenses, de alguma forma, haviam sido deixados para trás. Paulo disse a eles: "Não se preocupem pessoal. É tudo *fake news*." Ele pediu a eles que não entrassem em pânico ou tirassem conclusões precipitadas. Há uma ordem de eventos que deve ocorrer antes do retorno de Cristo. O dia está próximo, mas ainda não chegou.

A essa altura, todos parecem concordar sobre o que essa passagem diz. O problema é que algumas pessoas leem apenas até o próximo versículo e depois param. Essa interrupção antecipada faz com que elas tirem conclusões completamente equivocadas. Paulo escreveu: "Ninguém, de nenhum modo, vos engane, porque isto não acontecerá sem que primeiro venha a apostasia [...]" (2 Ts. 2:3). Jesus não retornará antes que aconteça a grande apostasia. *Apostasia* é uma palavra grega, com a mesma grafia do português. Há algumas pessoas que dizem que essa palavra se refere ao arrebatamento, o que, linguística e logicamente, não faz nenhum sentido. Paulo não está dizendo que o arrebatamento não irá acontecer até que ele aconteça. E se eu decidisse não escrever a próxima frase até eu escrever a próxima frase? Espera aí, minha cabeça está começando a doer só de pensar nisso.

Apostasia refere-se aos falsos e errôneos ensinos que se originaram dentro da igreja. Sempre haverá falsos ensinos no mundo, mas, quando crenças heréticas começam a se formar e se espalhar entre a família de Deus, então nós estamos em apuros. Infelizmente, esse tipo de apostasia está desenfreada dentro da igreja de hoje em dia.

Sempre há movimentos que surgem nas igrejas colocando ênfase nas coisas erradas. Saúde, riquezas, sinais, maravilhas, felicidade, relevância... todas essas coisas servem para que os falsos professores atraiam as pessoas, desviando-as da verdade. Um desses enganadores espirituais pode ser encontrado na cidade de Davao, nas Filipinas. O pastor Apollo Quiboloy, que chama a si mesmo de Filho Escolhido de Deus, prega que ele é aquele através de quem o Pai governa o Seu reino na Terra[2]. Se você acessar o *site* dele, encontrará informações suficientes sobre ele, sua igreja e como se "filiar" ao ministério dele[3]. O que você não encontrará é alguma declaração doutrinária. Mas por quê? Porque a doutrina dele varia de acordo com as revelações que ele vai recebendo.

Que sofrimento seria ter que atualizar seu *website* constantemente, toda vez que Deus muda de ideia e surge com uma nova verdade. Além disso, Quiboloy não fala sobre a doutrina, sobre a Bíblia ou sobre Deus; ele fala sobre si mesmo. Você pode dizer:

"É claro, Amir, há pregadores meshugana[5] por toda parte. Por que devemos focar neste?" Porque o pastor Quiboloy afirma ter 6 milhões de seguidores em 200 países – o que significa que 6 milhões de pessoas estão sendo desviadas por um único enganador.

Como as pessoas caem em enganações como as do pastor Quiboloy? Devido ao fato de não conhecerem a Bíblia. Quando os saduceus estavam tentando fazer Jesus tropeçar, com uma história hipotética sobre sete irmãos casando-se com a mesma mulher sucessivamente, Jesus chamou a atenção deles dizendo: "Não provém o vosso erro de não conhecerdes as Escrituras, nem o poder de Deus?" (Mc. 12:24). O engano é o produto da ignorância. Pessoas tornam-se ignorantes quando não tiram tempo para aprender. O que deveríamos estar estudando? A Palavra de Deus. É o nosso padrão de verdade. As palavras do pregador correspondem ao que está na Bíblia? Se sim, então vale a pena escutá-lo. Se não, ele faz parte da apostasia.

Paulo disse aos tessalonicenses para não ficarem histéricos ou se preocuparem que talvez tenham sido deixados para trás. Antes da volta de Jesus haverá uma grande apostasia. Depois disso, o tempo do Anticristo começará.

> Ninguém, de nenhum modo, vos engane, porque isto não acontecerá sem que primeiro venha a apostasia e seja revelado o homem da iniquidade, o filho da perdição, o qual se opõe e se levanta contra tudo que se chama Deus ou é objeto de culto, a ponto de assentar-se no santuário de Deus, ostentando-se como se fosse o próprio Deus. (2 Ts. 2:3-4)

---

5 Meshugana: "pessoa louca", em tradução livre. Dicionário online Collins – inglês.
Origem: do iídiche "meshugener", em tradução livre. Dicionário online Collins – inglês.
Iídiche: originária principalmente do alemão, é uma língua falada por muitos judeus. Dicionário online Collins – inglês.

Muitas pessoas param de ler nesse ponto e dizem: "Viu, Amir, o arrebatamento virá no final da tribulação, pois o Anticristo será revelado primeiro". Mas espere aí, continue lendo.

Paulo contou aos tessalonicenses que sim, o filho da perdição será revelado. No entanto, algo precisa acontecer antes disso. "E agora vós sabeis o que o detém para que a seu próprio tempo seja revelado." (versículo 6). Algo está restringindo, e algo está sendo restringido. Essa é a primeira vez que isso é mencionado. Vamos ler um pouco mais para frente: "Com efeito, o mistério da iniquidade já opera e aguarda somente que seja afastado aquele que agora o detém; então, será, de fato, revelado o iníquo [...]" (versículos 7 e 8). Perceba o arranjo no tempo desses versos. A iniquidade já opera. Isso está acontecendo no tempo presente. Aquele que detém está detendo agora, e continuará a fazer isso. Entretanto, em algum lugar no futuro, esse Restritor será removido, e a restrição irá terminar. Quando isso acontecer, o Anticristo será revelado.

É por isso que temos que ler a passagem completa. A melhor maneira de estudar a Bíblia é deixar a Bíblia explicar a si mesma. Paulo deixou isso claro, afirmando que há um motivo pelo qual o Anticristo não é revelado agora: o Restritor ainda não foi removido.

Isso levanta uma questão: o que ou quem é o Restritor? Neste capítulo, vamos resolver essa questão e algumas outras, incluindo a pergunta *"O que* ele está restringindo? *Quando* essa ação de restrição começou? *Por que* o Restritor detém ou restringe? *Como* o Restritor detém ou restringe?".

O Restritor é revelado

Vamos juntos nessa jornada pela descoberta. Iremos começar com Adão, passar por Jesus e ir até o Anticristo. Ao longo dessa jornada, vamos aprender quem é esse Restritor; iremos ver que ele já estava por aqui desde o Antigo Testamento; vamos ter uma ideia de como ele faz para restringir, e depois teremos uma visão de como tudo isso se desenrola no futuro.

A partir do momento em que o pecado entrou no mundo, o julgamento se fez necessário. No começo de Gênesis, nós podemos ver uma das passagens mais trágicas da Bíblia:

> Viu o Senhor que a maldade do homem se havia multiplicado na terra e que era continuamente mau todo desígnio do seu coração; então, se arrependeu o Senhor de ter feito o homem na terra, e isso lhe pesou no coração. Disse o Senhor: Farei desaparecer da face da terra o homem que criei, o homem e o animal, os répteis e as aves dos céus; porque me arrependo de os haver feito. Porém Noé achou graça diante do Senhor. (Gn. 6:5-8)

Deus deu uma olhada à Sua volta e disse: "As coisas se tornaram tão inacreditavelmente más, que preciso destruir tudo". Por mais que essas palavras sejam duras, elas não estão erradas. Nós merecemos um castigo. "Porque o salário do pecado é a morte, mas o dom gratuito de Deus é a vida eterna em Cristo Jesus, nosso Senhor" (Rm. 6:23). A humanidade merece todo castigo que lhe é devido; nós não deveríamos esperar nada mais que isso. Recentemente, eu vi uma postagem no Facebook que mostrava um quarto vazio. O título da postagem era: "Neste quarto estão todas as pessoas que merecem a graça de Deus".

Ainda assim, Deus nos dá a Sua graça. Em ambas as passagens de Gênesis e Romanos, as palavras-chave são "mas" e "porém". Essas duas palavras mudam tudo. São as mais maravilhosas conjunções da história da linguagem. Elas dizem: "Mesmo que você mereça isso, não é isso que você receberá". **Deus não está procurando uma desculpa para destruir, Ele está procurando uma desculpa para preservar e abençoar.** O trecho "Porém Noé", introduz a graça perfeita de Deus na humanidade, que havia saído completamente fora dos trilhos. Quando você olha para a vida de Noé, especialmente depois do dilúvio, percebe que ele não era tão bom assim. Ele tinha um temperamento forte e gostava um pouco demais de beber vinho. No entanto, ele foi bom o suficiente para ser preservado. Nós estamos vivos hoje porque o Senhor restringiu Seu julgamento completo do mundo, deixando uma janela aberta para a Sua maravilhosa misericórdia, encontrada no trecho "porém Noé".

Deus restringe. Satanás, por outro lado, nunca deteve a si mesmo de fazer nada. Do primeiro dia em diante, quando veio em forma de serpente, ele estava pronto para atacar e destruir. Pedro escreveu: "Sede sóbrios e vigilantes. O diabo, vosso adversário, anda em derredor, como leão que ruge procurando alguém para devorar" (1 Pe. 5:8). Satanás nunca descansa; ele está sempre focado em sua missão. Quando baixamos a guarda, ele nos ataca e nos derruba.

Quando o Anticristo vier, não haverá nenhum fator de restrição inerente nele também, por estar seguindo o seu mestre, o diabo.

> Ora, o aparecimento do iníquo é segundo a eficácia de Satanás, com todo poder, e sinais, e prodígios da mentira, e com todo engano de injustiça aos que perecem, porque não acolheram o amor da verdade para serem salvos. É por este motivo, pois, que Deus lhes manda a operação do erro, para darem crédito à mentira, a fim de serem julgados todos quantos não deram crédito à verdade; antes, pelo contrário, deleitaram-se com a injustiça. (2 Ts. 2:9-12)

Junto com o Anticristo vêm a impiedade e a injustiça entre as massas. As suas ações hediondas serão recebidas de braços abertos pelas pessoas. Mas por quê? Note a palavra "porque" na passagem acima. O público do anticristo será composto de todos aqueles que não acolheram "o amor da verdade". Essa verdade é a Palavra de Deus e o Evangelho contido nela. Receba essa verdade e você será salvo. Rejeite essa verdade e a salvação permanecerá longe de você.

É essa rejeição que fará com que o Senhor mande a "operação do erro". Essa operação não irá afastar as pessoas da verdade, pois elas já a rejeitaram. Deus é um Deus da verdade e Satanás é o pai da mentira. As pessoas terão feito a escolha delas e irão viver com as consequências de serem pegas na confusão do engano do inimigo. Entretanto, no início, não haverá tristeza em sua rejeição à verdade. Ao invés disso, haverá "prazer na injustiça".

Essas últimas três palavras de 2 Tessalonicenses 2:12 descrevem perfeitamente o nosso mundo de hoje. A pessoas amam o próprio pecado. Para muitos, a ignorância sobre a verdade corrompeu tanto as suas mentes, que nem reconhecem mais o pecado como tal. Elas dizem "Eu não quero a Bíblia, eu não quero a verdade". E afirmam:

- "*Eu* determino o que é verdade, não você."
- "*Eu* determino o que é feminino e masculino, não você."
- "*Eu* determino o que é família, não você."
- "*Eu* determino minhas próprias regras sobre sexo, não você."
- "*Eu* farei tudo de acordo com o meu prazer, minhas regras, minha lei e meu livre-arbítrio."

Algumas pessoas não vão gostar de ler essas palavras. Uma vez, uma mulher veio até mim e disse: "Amir, por que sempre me sinto desconfortável quando ouço você falar?" Eu não sei – às vezes, a verdade é desconfortável. A Bíblia não foi escrita para nos deixar confortáveis. Na verdade, ela nos foi dada para nos mostrar quem somos. As Escrituras são a verdade de Deus; elas se referem ao pecador que descobrimos existir de frente para o espelho espiritual. Uma certeza nós temos: a Bíblia não vai tolerar o pecado nem os enganos do diabo somente para nos fazer sentir melhores com nós mesmos.

A humanidade pode ser dividida em dois grupos: os condenados e os não condenados. Jesus disse:

> Porquanto Deus enviou o seu Filho ao mundo, não para que julgasse o mundo, mas para que o mundo fosse salvo por ele. Quem nele crê não é julgado; o que não crê já está julgado, porquanto não crê no nome do unigênito Filho de Deus. O julgamento é este: que a luz veio ao mundo, e

> os homens amaram mais as trevas do que a luz; porque as suas obras eram más. (Jo. 3:17-19)

Há aqueles que amam a luz e seguem o Filho. Estes não estão condenados. Porém, os outros, os que estão condenados, amam as trevas ao invés da luz. Eles rejeitam a verdade e, como resultado disso, o seu destino está selado. Liderando esse engano para longe da verdade está Satanás. Ele não possui nenhuma restrição para realizar suas ações abomináveis.

Mas, se Satanás não está sendo detido, quem ou o que está? Para responder a essa pergunta, nós precisamos voltar e olhar para Abraão. Deus viu a condição depravada de Sodoma e Gomorra alcançar tal nível, que Ele decidiu destruir aquelas duas cidades. Porém, antes que o Senhor fizesse isso, Ele parou na tenda de Abraão para fazer uma refeição com ele. Depois do jantar, enquanto Abraão estava andando com a manifestação física de Deus, o Senhor revelou a Sua intenção de trazer juízo àquelas cidades pecaminosas.

Em resposta, Abraão provou que realmente é pai dos judeus, começando as negociações com o Senhor.

> Destruirás o justo com o ímpio? Se houver, porventura, cinquenta justos na cidade, destruirás ainda assim e não pouparás o lugar por amor dos cinquenta justos que nela se encontram? Longe de ti o fazeres tal coisa, matares o justo com o ímpio, como se o justo fosse igual ao ímpio; longe de ti. Não fará justiça o Juiz de toda a terra? (Gn. 18:23-25).

O Senhor, em Sua graça, disse a Abraão que se houvessem 50 justos Ele iria poupar a cidade.

Abraão sentiu que havia uma oportunidade ali e foi mais adiante. "Quem sou eu para pedir algo para o Senhor, mas e se tiverem cinco pessoas a menos no grupo dos justos?" O Senhor garantiu que tudo bem se houvesse apenas 45. Abraão contra-atacou com 40. "Tudo bem se houver 40", disse o Senhor. "Trinta... vinte... dez?" "Não a destruirei por amor aos dez", disse o Senhor (versículo 32).

Perceba a paciência de Deus durante a negociação. Ele não tinha obrigação nenhuma de conceder esse tempo a Abraão. Mesmo assim, Ele deixou um mero ser humano barganhar com Ele. Isso vai ao encontro do caráter de Deus. Abraão não estava fazendo algo mau, ele estava negociando pela salvação dos outros. Ele estava implorando a Deus para deter o Seu julgamento. E nós devemos prestar atenção nesse ponto. Quem está agindo como um Restritor aqui? Abraão assumiu o papel daquele que implora para que o Senhor contenha o Seu juízo contra aquelas pessoas. Este poder de restrição tem tudo a ver com o julgamento – se Deus executa o julgamento ou o adia.

Outro exemplo pode ser encontrado em Jó. Satanás foi até Deus e pediu permissão para tocar a vida dele. Satanás só sabe matar, destruir e atormentar. Novamente, não há nenhuma restrição no diabo. Porém, a perspectiva de Jó era bem diferente:

> Quem me dera fossem agora escritas as minhas palavras!
> Quem me dera fossem gravadas em livro!
> Que, com pena de ferro e com chumbo,
> para sempre fossem esculpidas na rocha!
> Porque eu sei que o meu Redentor vive
> e por fim se levantará sobre a Terra.
> Depois, revestido este meu corpo da minha pele,
> em minha carne verei a Deus...
> temei, pois, a espada,
> porque tais acusações merecem o seu furor,
> para saberdes que há um juízo. (Jó 19:23-26, 29)

Jó não estava com medo de Satanás. Ele não temia os ataques e esquemas do inimigo. Então o que assustava esse homem justo? O julgamento de Deus. Jó sabia que se havia uma pena que todos nós merecemos – quer você seja uma boa pessoa, como ele mesmo, ou a pior pessoa na Terra – é o julgamento do Senhor como justa recompensa pelos nossos pecados. "Todos nós andávamos desgarrados como ovelhas; cada um se desviava pelo caminho, mas o Senhor fez cair sobre ele a iniquidade de nós todos" (Is. 53:6). O nosso pecado nos trouxe a morte. Mas, então, veio o Cordeiro, o Salvador da humanidade. Em Jesus temos a solução para os nossos pecados.

De Adão em diante, o problema do pecado afeta a todos. E, por causa do pecado, há necessidade de um julgamento. É por isso que Jesus veio ao mundo:

> Agora, porém, ao se cumprirem os tempos, se manifestou uma vez por todas, para aniquilar, pelo sacrifício de si mesmo, o pecado. E, assim como aos homens está ordenado morrerem uma só vez, vindo, depois disto, o juízo, assim também Cristo, tendo-se oferecido uma vez para sempre para tirar os pecados de muitos, aparecerá segunda vez, sem pecado, aos que o aguardam para a salvação. (Hb. 9:26-28)

Qual é essa salvação à qual o texto se refere aqui? É a salvação de Romanos 8:18-25; salvação dos nossos corpos desse mundo, com o retorno de Jesus. Ele voltará, mas dessa vez não será para oferecer a Si mesmo pelos nossos pecados. Ele já cuidou disso. Quando Ele retornar, Ele nos salvará deste mundo. Isso é algo pelo qual vale a pena esperar ansiosamente! Antes do tempo de Jesus, nós esperávamos pelo julgamento de Deus com pavor. Agora, nós aguardamos com entusiasmo por Seu retorno.

Por último, vamos identificar quem é o Restritor. O julgamento de Deus para esse mundo está pronto. No entanto, Ele está se contendo até chegar o tempo certo para ele remover a Sua igreja. Portanto, o Restritor é a presença de Deus em Seu povo, que está nesse mundo. Nós somos os Seus embaixadores, Seus vigias ou sentinelas. **Quando as pessoas nos veem, elas veem a Cristo, e quando elas veem a Cristo, veem o Pai.**

Se o Pai possui poderes de restrição sobre Seu julgamento, então isso significa que nós somos a personificação do poder de restrição de Deus. Enquanto estivermos na Terra, Deus irá deter Seu julgamento. Mas, quando formos levados daqui, o Seu julgamento irá romper como as águas da barragem South Fork.

O papel da Igreja em restringir

No Sermão do Monte, Jesus disse: "Vós sois o sal da terra; ora, se o sal vier a ser insípido, como lhe restaurar o sabor? Para nada mais presta senão para, lançado fora, ser pisado pelos homens" (Mt. 5:13). O que o sal faz? Ele desacelera a decomposição. Esse é o nosso papel na Terra. A única razão pela qual o mundo ainda não caiu por completo no pecado e no juízo final é porque nós estamos aqui, desacelerando o declínio. Se a igreja não fizer a sua parte nesse mundo, então o que estamos fazendo aqui? Temos que, intencionalmente, ser o próprio Cristo na vida das pessoas ao nosso redor, detendo o julgamento de Deus enquanto Ele nos permitir.

Aqueles que creem são a face de Deus nesse mundo. Jesus disse: "Se vós me tivésseis conhecido, conheceríeis também a meu Pai. Desde agora o conheceis e o tendes visto" (Jo. 14:7). Você não precisa ser o Pai para mostrar o Pai para as pessoas. Deus não está em templos feitos pelo homem; Deus está no homem, feito para ser o Seu templo.

Quando Paulo estava diante da elite intelectual de Atenas, ele disse: "O Deus que fez o mundo e tudo o que nele existe, sendo ele Senhor do céu e da terra, não habita em santuários feitos por mãos humanas. Nem é servido por mãos humanas, como se de alguma coisa precisasse; pois ele mesmo é quem a todos dá vida, respiração e tudo mais" (At. 17:24-25). Deus não está em templos feitos por mãos humanas, Ele está em templos feitos pelas Suas próprias mãos. Paulo escreveu aos coríntios: "Acaso, não sabeis que o vosso corpo é santuário do Espírito Santo, que está em vós, o qual tendes da parte de Deus, e que não sois de vós mesmos?" (1 Co. 6:19). Nós somos os templos nos quais Ele habita. Então, quando o mundo nos vê, eles veem Jesus. E quando veem a Jesus, eles veem o Pai.

A nossa simples presença no mundo é o que detém o julgamento que está por vir. "Há, todavia, uma coisa, amados, que não deveis esquecer: que, para o Senhor, um dia é como mil anos, e mil anos, como um dia. Não retarda o Senhor a sua promessa, como alguns a julgam demorada; pelo contrário, ele é paciente para convosco, não querendo que nenhum pereça, senão que todos cheguem ao arrependimento" (2 Pe. 3:8-9). Nós permanecemos nessa terra porque o Senhor é paciente. Esse é o Deus a quem servimos. Esse é o Deus a quem amamos.

Paulo escreveu a Timóteo dizendo que devemos orar por aqueles que possuem autoridade sobre nós, para que possamos levar uma vida tranquila e pacífica (1 Tm. 2:1-2). E então ele disse: "Isto é bom e aceitável diante de Deus, nosso Salvador, o qual deseja que todos os homens sejam salvos e cheguem ao pleno conhecimento da verdade" (versículos 3 e 4). Deus deseja que todas as pessoas sejam salvas, mas isso é uma escolha completamente delas. Ele ofereceu o dom gratuito, mas ele tem que ser aceito para ter qualquer valor.

Se você ainda não é salvo, receba esse dom. Isso é tudo o que Deus está pedindo a você. Aceite Jesus como seu Senhor e Salvador – faça Dele a prioridade da sua vida. É simples assim. Deus quer que você seja parte da Sua família, e Ele quer que você queira ser parte de Sua família. Ele poderia ter lhe forçado, coagido ou enganado, mas, ao invés disso, Ele prontamente lhe deu a opção. Escolha a Deus e receba a vida; rejeite a Deus e receba a morte.

Enquanto o Restritor (Deus em nós) permanecer nesse mundo, a opção ainda estará disponível para aqueles que não O receberam. Contudo, como diz em 2 Tessalonicenses, haverá um dia em que o Restritor será removido. Durante a tribulação, poucos irão procurar pelo Senhor, pois o engano de Satanás prevalecerá. Agora é o momento da nossa salvação. Hoje, antes que seja tarde demais.

A remoção do Restritor

Nós vimos quem é o Restritor (a presença de Deus em Sua igreja), e também vimos o que o Restritor está detendo (o juízo do Senhor sobre o mundo). Quando a igreja for removida, não haverá nada que segure a força maligna e poderosa do inimigo.

Como o Restritor será removido? Nós já vimos a resposta para essa pergunta em 1 Tessalonicenses:

> Porquanto o Senhor mesmo, dada a sua palavra de ordem, ouvida a voz do arcanjo, e ressoada a trombeta de Deus, descerá dos céus, e os mortos em Cristo ressuscitarão primeiro; depois, nós, os vivos, os que ficarmos, seremos arrebatados juntamente com eles, entre nuvens, para o encontro do Senhor nos ares, e, assim, estaremos para sempre com o Senhor. Consolai-vos, pois, uns aos outros com estas palavras. (1 Ts. 4:16-18)

Deus irá remover fisicamente o Restritor da Terra. Quando o Senhor arrebatar a Sua igreja e levá-la para junto Dele nas alturas, a nova fase do plano de Deus irá começar.

Se a igreja é essa presença moderadora – segurando a ira de Deus enquanto brilhamos a luz de Cristo, então por que o Senhor iria nos remover daqui? Por que Ele não simplesmente estende a Sua paciência para com o mundo nos deixando aqui? Porque o juízo deve vir. Há um momento, que está próximo, em que os ponteiros do relógio espiritual chegarão às 12h e o alarme irá tocar. Em 2 Pedro 3:8-9, nós vimos que o Senhor é paciente e não quer que ninguém pereça. Que incrível demonstração da graça de Deus! No entanto, observe a segunda palavra do versículo 10, "entretanto".

> Virá, entretanto, como ladrão, o Dia do Senhor, no qual os céus passarão com estrepitoso estrondo, e os elementos se desfarão abrasados; também a terra e as obras que nela existem serão atingidas. (2 Pe. 3:10)

O Senhor é paciente, mas virá o tempo em que Sua paciência acabará e o Seu julgamento chegará.

A humanidade merece a pena que está se aproximando, ainda assim, mesmo no meio do julgamento, o Senhor ainda estará trabalhando para atrair as pessoas para Si. Deus tem um propósito maior para a tribulação – um propósito que vai além da punição. Aquele tempo terrível de provação é especificamente para a salvação de Israel.

"Mas Amir, Deus realmente vai causar tanto estrago apenas para que Israel seja salva?" Através do profeta Oséias, Deus disse: "Irei e voltarei para o meu lugar, até que se reconheçam culpados e busquem a minha face; estando eles angustiados, ansiosamente me buscarão [...]" (5:15). Que triste que a nossa tendência seja buscar a Deus apenas quando as coisas vão de mal a pior. Quando a vida está indo bem, nós tendemos a focar em nossos afazeres e ignoramos a Deus, aquele que nos deu o "ok" para que as presentes circunstâncias acontecessem. Frequentemente, é a dor que nos faz voltar os olhos para Deus. É preciso que estejamos aflitos para colocar nossos joelhos no chão diante Dele.

Decifrando os sinais

No dia que o Restritor for removido, Deus lançará Sua ira sobre a humanidade pecadora. Ainda assim, Ele também irá usar os julgamentos da tribulação para fazer com que o Seu povo escolhido retorne para Ele.

Isso nos leva à pergunta final: Quando o Restritor será removido? De acordo com 2 Tessalonicenses 2, logo antes do Anticristo ser revelado. Quando virmos os sinais da ascensão do Anticristo ao nosso redor, então o arrebatamento da igreja será iminente. Quando a igreja for arrebatada, o Restritor será retirado desse mundo.

O que os sinais de hoje nos dizem? Podemos esperar que o Anticristo seja revelado logo?

A resposta é um enfático *sim*.

CAPÍTULO 10

ENQUANTO ISSO, NO CÉU...

DEIXE-ME CONTAR UM SEGREDINHO – EU NÃO ME IMPORTO de voar. Eu sei que a maioria das pessoas reclama de viajar de avião, mas eu não sou uma delas. É claro, as filas para o check-in são extensas e é meio chato passar pela segurança no embarque – e você nunca realmente teve essa experiência a menos que tenha passado pela segurança do aeroporto de Israel. Depois, você precisa encarar os preços das comidas, os assentos apertados do avião e as refeições reaquecidas e caríssimas, que merecem menos de uma estrela na avaliação.

Porém, há uma experiência em viajar de avião que faz com que encarar todos os problemas valha a pena. É aquele momento em que o avião fica acima das nuvens. Acima de você há um céu azul, que vai até aonde a vista alcança. Abaixo, há uma barreira branca, separando você de tudo que está acontecendo em terra firme. Acima das nuvens, beleza e paz, abaixo delas, violência, ódio e tristeza. Podemos até nos sentir um pouco tristes quando o avião desce, passando pela camada inferior das nuvens, pois isso significa que estamos descendo de volta ao caos lá embaixo.

Eu não fico alegre apenas quando estou acima das nuvens, mas também quando estou entre as nuvens. Quando o avião está atravessando as massas espessas de gotículas de água e umidade, e elas passam pelos vidros das janelas, eu começo a sorrir. Eu penso sobre o futuro. Eu sonho com o dia em que estarei dentro das nuvens, mas fora do avião. É nesse momento em que vou ver o meu Senhor cara a cara pela primeira vez. E então, depois de me juntar ao restante da Igreja, naquele dia abençoado, nós iremos ser recebidos pelo Salvador. Nós iremos subir com Ele e não voltaremos mais aqui para baixo. Sete anos irão passar antes que vejamos a superfície da Terra novamente. Durante esse tempo, muita coisa irá acontecer abaixo das nuvens, assim como acima delas.

A maioria dos livros que abordam o fim dos tempos foca primordialmente no que vai acontecer na Terra durante a tribulação. E eu entendo, é fascinante ver como os futuros planos de Deus para o mundo irão se desdobrar. No meu livro anterior, *The Last Hour* (*A Última Hora*), eu gastei um bom tempo falando sobre o Anticristo e aqueles sete anos na Terra. Porém, em última análise, o que está acontecendo abaixo das nuvens tem pouco a ver com o que viveremos acima delas. É nessa direção que nossas mentes devem ir; em direção às coisas do alto.

Coloque sua mente nas coisas lá do alto

Em sua carta aos colossenses, Paulo escreveu: "Portanto, se fostes ressuscitados juntamente com Cristo, buscai as coisas lá do alto, onde Cristo vive, assentado à direita de Deus. Pensai nas coisas lá do alto, não nas que são aqui da terra" (Cl. 3:1-2). A nossa mente não deveria estar focada primeiro nos cuidados aqui da Terra, mas nas coisas lá do alto.

Quando Paulo diz "do alto", ele não está se referindo às estrelas ou à Lua. Há muitas pessoas que são fascinadas pelos céus. Algumas utilizam as estrelas e constelações para criar horóscopos, com a crença tola de que os vários alinhamentos dos corpos celestes podem lhes dar uma visão sobre o seu caráter e futuro. Outros são simplesmente fascinados pelo espaço, indo o mais longe que conseguem para se maravilhar com a sua extensão, adquirir conhecimentos científicos e conhecer e interagir com outras formas de vida. Não há nada de errado em estudar os céus – eles são parte da linda vastidão da criação de Deus. Porém, procurar outras criaturas no espaço ao invés de buscar o Criador do espaço é perder o ponto central da criação de Deus.

Paulo disse que se nós fomos ressuscitados com Cristo, as coisas do alto deveriam ser nossa principal preocupação. Quando nós ligamos a televisão, é difícil não nos preocuparmos com as coisas do mundo. Há hostilidade em toda parte. Há guerras e violência em todo o mundo. As sociedades estão se deteriorando em meio ao ataque do secularismo, pós-modernismo, abortos, questões de gênero, imoralidades e muito mais. Nossas mentes não devem ser arrastadas por estas preocupações.

Isso não significa que nós devemos ignorar o mundo – não mesmo. Como igreja, nós devemos assumir nossa posição pela verdade e pela vida, mas fazendo isso com os olhos nas coisas do alto. Nós fazemos isso como embaixadores de Cristo, vivendo a Sua verdade e amor para com essa geração moribunda. Por tudo isso, devemos lembrar, em última instância, que o mundo não é o nosso lar.

Não podemos mudar nossa visão de baixo para cima por conta própria. Nós não conseguiremos buscar as coisas do alto, de acordo com Paulo, a menos que algo aconteça antes. De acordo com Colossenses 3:1, nós devemos ser "ressuscitados juntamente com Cristo". "Mas, Amir, eu não tenho que morrer primeiro para depois ser ressuscitado?" Sim, definitivamente. E se você ainda não foi ressuscitado em Cristo, então você está morto enquanto lê isso. "Mas, Amir, se estou morto, então como...?" Pare aí mesmo. Eu entendo a sua confusão. A resposta para a sua pergunta está nas duas primeiras palavras do versículo 1: "Portanto, se..."

Quando lemos a Bíblia, toda vez que a expressão "portanto, se..." aparece, significa que você precisa parar a sua leitura e engatar a marcha à ré. Essas palavras normalmente nos redirecionam a voltar para o questionamento que o autor acabou de propor. Para essa passagem, nós devemos voltar ao capítulo anterior, onde Paulo escreveu essas palavras:

> Nele, também fostes circuncidados, não por intermédio de mãos, mas no despojamento do corpo da carne, que é a circuncisão de Cristo, tendo sido sepultados, juntamente com ele, no batismo, no qual igualmente fostes ressuscitados mediante a fé no poder de Deus que o ressuscitou dentre os mortos. E a vós outros, que estáveis mortos pelas vossas transgressões e pela incircuncisão da vossa carne, vos deu vida juntamente com ele, perdoando todos os nossos delitos; tendo cancelado o escrito de dívida, que era contra nós e que constava de ordenanças, o qual nos era prejudicial, removeu-o inteiramente, encravando-o na cruz. (Cl. 2:11-14)

No capítulo anterior, nós lemos que "o salário do pecado é a morte" (Rm. 6:23). Aqui, Paulo nos lembra dessa mesma verdade – antes da salvação, nós estávamos "mortos em (nossos) delitos e pecados". Mesmo que estejamos fisicamente vivos, nós estávamos "mortinhos da silva" espiritualmente falando. No entanto, Cristo, através da Sua obra na Cruz, perdoou todos os nossos pecados, recebendo a pena que *nós* deveríamos receber. Agora, "mediante a fé no poder de Deus", nós fomos ressuscitados com Cristo. Essa vida ressurreta é o que nos faz novas criaturas.

Uma vez que nos tornamos novas criaturas, tudo muda. Agora, nós temos a capacidade de compreender que a vida não se trata das coisas desse mundo. Muitas pessoas tentam viver suas vidas com uma perna no mundo e a outra na Palavra. Mas isso nunca funciona. Qualquer um que tentar fazer isso irá, inevitavelmente, cair sobre a perna que está no mundo. Quando somos feitos novos, nossa forma de pensar muda completamente. Paulo disse que "a nossa pátria está nos céus, de onde também aguardamos o Salvador, o Senhor Jesus Cristo" (Fp. 3:20).

Nós pertencemos ao nosso novo reino. Aqui na Terra, nós somos imigrantes ilegais, pois nós abrimos mão da nossa cidadania terrena. É por isso que o mundo odeia a igreja. Jesus disse: "Se vós fôsseis do mundo, o mundo amaria o que era seu; como, todavia, não sois do mundo, pelo contrário, dele vos escolhi, por isso, o mundo vos odeia" (Jo. 15:19). Nós conseguimos suportar a antipatia da era atual, no entanto, porque estamos olhando para o alto.

De corruptíveis a incorruptíveis

No que devemos focar quando olhamos para o alto? Uma pergunta ainda melhor seria: Sobre *quem* deveria estar o nosso olhar? Nossos olhos deveriam estar em "Cristo Jesus quem morreu ou, antes, quem ressuscitou, o qual está à direita de Deus e também intercede por nós" (Rm. 8:34). Jesus, que viveu nessa Terra, morreu em uma cruz, ressuscitou no terceiro dia e está sentado à destra de Deus Pai.

Como sabemos isso? A Bíblia nos conta. Não é suficiente para você? Nós também tivemos testemunhas oculares. Quando Estêvão estava prestes a ser apedrejado por pregar sobre Cristo, ele, "cheio do Espírito Santo, fitou os olhos no céu e viu a glória de Deus e Jesus, que estava à sua direita, e disse: 'Eis que vejo os céus abertos e o Filho do Homem, em pé à destra de Deus'" (At. 7:55-56). Estêvão olhou para dentro da sala do trono de Deus. E então, alguns momentos depois, ele estava em pé na própria sala do trono. Por sermos novas criaturas, podemos ficar totalmente focados em Jesus, que está no céu com o Pai.

Como Jesus foi daqui para lá? Depois da Sua ressurreição, Ele passou um tempo com os discípulos. Depois disso, o dia de Ele ir embora chegou.

> Ditas estas palavras, foi Jesus elevado às alturas, à vista deles, e uma nuvem o encobriu dos seus olhos. E, estando eles com os olhos fitos no céu, enquanto Jesus subia, eis que dois varões vestidos de branco se puseram ao lado deles e lhes disseram: Varões galileus, por que estais olhando para as alturas? Esse Jesus que dentre vós foi assunto ao céu virá do modo como o vistes subir. (At. 1:9-11)

Jesus foi levado às nuvens, e aquela foi a última vez que os discípulos O viram. Enquanto eles ficaram lá, em pé, de boca aberta, anjos desceram e lhes disseram: "Pois é, isso parece meio esquisito, mas acostumem-se. Ele vai voltar da mesma maneira que subiu".

Como Jesus subiu? Ele foi "elevado". Isso parece com o que lemos em 1 Tessalonicenses 4:15-17 e em 1 Coríntios 15:51-53. Nós seremos transformados e depois seremos elevados às alturas para encontrar Jesus naquelas nuvens maravilhosas. A principal diferença entre esses dois eventos é a velocidade em que cada um acontecerá. Os discípulos puderam assistir a Jesus ascendendo. Porém, quando for a nossa vez, vai ser literalmente como apertar o botão para avançar quatro vezes mais rápido no controle remoto. Jesus subiu gradualmente, mas nós seremos levados em um piscar de olhos.

Você não está ansioso por essa transformação? Eu certamente estou. Em 1 Coríntios, a descrição dessa transformação é feita da seguinte maneira:

> Eis que vos digo um mistério: nem todos dormiremos, mas transformados seremos todos, num momento, num abrir e fechar de olhos, ao ressoar da última trombeta. A trombeta soará, os mortos ressuscitarão incorruptíveis, e nós seremos transformados. Porque é necessário que este corpo corruptível se revista da incorruptibilidade, e que o corpo mortal se revista da imortalidade. (1 Co. 15:51-53)

Estamos vivendo em corpos inferiores que, aos poucos, estão se deteriorando. Quer prova disso? Olhe para uma foto sua de 20 anos atrás. Consegue notar a diferença? Se não conseguir, então você provavelmente tem contato com algum cirurgião plástico caríssimo de Hollywood. Nós somos corruptíveis e estamos nos corrompendo. Mas tudo bem, isso não é motivo para ficarmos chateados, pois temos um corpo novo e melhorado nos aguardando.

No momento em que formos levados para estar com o nosso Salvador, podemos dizer *adeus* ao corruptível e *olá* ao incorruptível.

Diremos *adeus* ao mortal e *shalom* à imortalidade. As células do nosso corpo não irão mais se deteriorar. Doenças não irão mais nos importunar. Nós não morreremos mais. Quando formos embora dessa Terra, nossos corpos ressurretos finalmente irão se encontrar com nossas almas ressurretas. E, depois, ficaremos com nosso Salvador.

Como vimos no último capítulo, quando o Restritor for removido, nós iremos subir para nos encontrar com Jesus. Nós finalmente iremos para casa, para o reino da nossa cidadania – para o alto, onde nossas mentes estavam firmemente estabelecidas.

Isso nos leva à próxima questão lógica: O que acontecerá quando chegarmos lá?

Sete anos no céu

Certo. Fomos arrebatados dessa Terra. Estamos vendo a face do nosso Salvador. Subimos com Ele aos céus. Mas e depois disso? Sete anos se passarão antes de retornarmos com Jesus para a segunda vinda. Enquanto toda turbulência acontece lá embaixo, o que estará acontecendo em cima? Assim como um presente embrulhado em um lindo pacote, à espera da manhã de Natal, o Senhor fez da maior parte desse tempo um mistério para nós. No entanto, há três eventos que sabemos que acontecerão.

Seu lugar está pronto:

Acredito que a primeira atividade será a distribuição dos lugares que Jesus preparou para nós. Admito que isso é uma especulação baseada no que eu leio na Bíblia, e prometo que os informarei quando for apresentá-la. No cenáculo, Jesus disse aos discípulos: "Na casa de meu Pai há muitas moradas. Se assim não fora, eu vo-lo teria dito. Pois vou preparar-vos lugar. E, quando eu for e vos preparar lugar, voltarei e vos receberei para mim mesmo, para que, onde eu estou, estejais vós também" (Jo. 14:2-3).

Quando estou guiando um passeio turístico e o ônibus estaciona no hotel, a primeira coisa que devemos fazer é o check-in. Infelizmente, esse processo nem sempre é fácil. A fila pode estar grande ou as pessoas podem sair por aí para olhar a paisagem. Muitas vezes, o que deveria ser um processo rápido, parece demorar uma eternidade. De forma parecida, com todas as pessoas chegando ao céu com Cristo ao mesmo tempo, somente o processo do check-in poderia levar os sete anos. A fila poderia ter quilômetros de distância. No entanto, creio que Deus possui um processo melhor do que o que eu tipicamente encontro em um hotel, com um(a) recepcionista tentando consertar o computador, o outro na pausa para fumar um cigarro, e o terceiro de fato fazendo o check-in dos hóspedes.

Você está empolgado para ver o lugar maravilhoso que Cristo preparou? Ninguém te conhece melhor. Ninguém te ama mais. **Ninguém quer ver você alegre e maravilhado mais do que o seu Salvador. Imagine o que Ele tem guardado para você!**

Distribuindo os prêmios:

Enquanto o primeiro evento no céu é um palpite teórico, baseado nas Escrituras, o segundo foi explicitamente dito. Paulo escreveu sobre isso em Coríntios:

> Entretanto, estamos em plena confiança, preferindo deixar o corpo e habitar com o Senhor. É por isso que também nos esforçamos, quer presentes, quer ausentes, para lhe sermos agradáveis. Porque importa que todos nós compareçamos perante o tribunal de Cristo, para que cada um receba segundo o bem ou o mal que tiver feito por meio do corpo. (2 Co. 5:8-10)

Haverá um tempo, durante aqueles sete anos, quando toda a Igreja arrebatada se reunirá diante de Cristo. A tradução da palavra grega *bema* é "tribunal". Na cultura romana antiga, *bema* era uma plataforma elevada, na qual um oficial do governo ou um juiz se sentava. Às vezes, *bema* era um lugar onde disputas e casos de justiça eram julgados. O lugar também presenciou acontecimentos em eventos competitivos. Quando alguém vencia em uma disputa ou concurso, precisava se apresentar diante da *bema*. Então, um oficial entregava um prêmio ao vencedor. Tipicamente, o prêmio era uma *stephanos*, uma coroa feita de emaranhados de galhos.

Quando você lê sobre pessoas recebendo coroas no Novo Testamento, assim como a coroa da justiça de Paulo, em 2 Timóteo 4:8, ou as coroas dos anciãos, colocadas diante do trono do Senhor, em Apocalipse 4:10, elas são sempre *stephanos*. Essas coroas são de vitória e premiação, não de título ou posição. No entanto, quando Cristo retornar em Seu cavalo branco, Ele não estará usando uma mera coroa de galhos. Em Sua cabeça, estará uma coroa *diadem* – da realeza, perfeita para o Rei dos reis e Senhor dos senhores (Ap. 19:11-16).

Quando estivermos diante da *bema*, será para sermos julgados e premiados. O julgamento que nós iremos encarar, no entanto, não diz respeito à nossa salvação. Se você chegou ao céu, você permanecerá no céu. Não há nenhum alçapão que se abrirá para o inferno [Hades] se Cristo encontrar falhas em você. Ao invés disso, seremos julgados por nossas intenções – as motivações que tivemos enquanto trabalhamos para Cristo.

> Porque ninguém pode lançar outro fundamento, além do que foi posto, o qual é Jesus Cristo. Contudo, se o que alguém edifica sobre o fundamento é ouro, prata, pedras preciosas, madeira, feno, palha, manifesta se tornará a obra de cada um; pois o Dia a demonstrará, porque está sendo revelada pelo fogo; e qual seja a obra de cada um o próprio fogo o provará. Se permanecer a obra de alguém que sobre o fundamento edificou, esse receberá galardão; se a obra de alguém se queimar, sofrerá ele dano; mas esse mesmo será salvo, todavia, como que através do fogo. (1 Co. 3:11-15)

Conforme a multidão for se reunindo, e cada um for tendo a sua vez no banco do julgamento, todas as nossas obras feitas para o Senhor serão lidas. Depois, elas serão queimadas. Tudo que foi feito por egoísmo, orgulho ou para ganho pessoal virará fumaça. Tudo que foi feito com sacrifício, misericórdia e graça – feito por amor a Deus e pelos outros – suportará o fogo. Será por causa dessas boas ações que Jesus descerá do Seu trono e colocará uma coroa *stephanos* em nossas cabeças. Imagine a alegria que você sentirá quando essa coroa de galhos for gentilmente colocada na sua cabeça, ouvindo a voz do seu Salvador dizendo: "Muito bem, servo bom e fiel".

Para que possamos ter a experiência de receber o prêmio sem ficar lá, em pé, constrangidos por não ter uma coroa, nós precisamos viver uma vida com a intenção de servir hoje. Paulo compara essa vida focada a um corredor que se dedica a obter uma coroa terrena. Este corredor treina e tem cuidado com a maneira como trata o próprio corpo. Paulo quis dizer que se as pessoas conseguem ser dedicadas desse modo para obter uma coroa de folhas que, em algum momento, apodrecerá, nós deveríamos ser muito mais comprometidos em ganhar coroas que durarão para sempre. Ele disse: "Correi de tal maneira que o alcanceis... Assim corro também eu, não sem meta; assim luto, não como desferindo golpes no ar. Mas disciplino o meu corpo e o reduzo à submissão" (1 Co. 9:24, 26-27). Isso significa viver uma vida de sacrifício e santidade.

Paulo mostrou, aos que criam, um padrão bem elevado para esse tipo de vida. Por exemplo, ele escreveu: "Maridos, amai vossa mulher, como também Cristo amou a igreja e a si mesmo se entregou por ela, para que a santificasse, tendo-a purificado por meio da lavagem de água pela palavra, para a apresentar a si mesmo igreja gloriosa, sem mácula, nem ruga, nem coisa semelhante, porém santa e sem defeito" (Ef. 5:25-27). Mesmo que isso tenha sido escrito com um contexto de casamento, ele fala de um determinado amor que devemos demonstrar em todos os nossos relacionamentos. O amor de Cristo pela igreja estabeleceu um padrão que devemos nos esforçar para seguir. Quando vivemos de acordo com esse amor autossacrificial e centrado no outro, tudo que for provado pelo fogo, diante da *bema*, resistirá às chamas.

Na passagem de Efésios, Paulo falou sobre outra razão pela qual é essencial que sejamos comprometidos com a justiça. Cristo está determinado a ter uma noiva que é imaculada, santa e sem culpa. Em outras palavras, enquanto nos esforçamos para ter uma vida devota, nos limpando diariamente com a Palavra de Deus, nós estamos nos preparando para encontrar o noivo. Essa preparação é essencial para que estejamos prontos quando Ele vier.

Jesus contou uma parábola sobre dez virgens que estavam esperando o noivo vir buscá-las e levá-las. Ele começou: "Então, o reino dos céus será semelhante a dez virgens que, tomando as suas lâmpadas, saíram a encontrar-se com o noivo. Cinco dentre elas eram néscias, e cinco, prudentes. As néscias, ao tomarem as suas lâmpadas, não levaram azeite consigo" (Mt. 25:1-3). Todas as dez *pareciam* estar prontas por fora, mas cinco delas, na verdade, estavam em apuros. Elas saíram de casa sem óleo para as lâmpadas. Há muitos que professam a fé cristã dentro das igrejas, hoje em dia, aguardando Cristo retornar, mas não possuem o Espírito Santo – o óleo. Eles seguem a forma do cristianismo, mas não há nada dentro das suas lâmpadas. Eles nunca se comprometeram de verdade em seguir a Cristo. Eles nunca foram ressuscitados da morte para a vida, portanto, seus olhos não estão de fato voltados para as coisas do alto.

Quando Jesus voltar para levar a Sua igreja, Ele encontrará essas pessoas despreparadas, assim como o noivo encontrou as cinco virgens despreparadas, sem óleo. Enquanto a verdadeira noiva deixa a Terra com os Seus seguidores, os outros serão deixados para trás.

É por isso que enquanto esperamos pelo retorno de Cristo, temos que nos preparar para conhecê-Lo. Isso começa garantindo que você se acertou com o Senhor, aceitando o Seu presente gratuito da salvação através da fé. Quando você faz isso, o Espírito Santo irá encher a sua lâmpada até transbordar.

Um casamento real

Se a igreja será levada para ser a noiva de Cristo, então isso significa que haverá um casamento. Esse é o terceiro grande evento que irá ocorrer durante esses sete anos, enquanto Deus derrama Sua ira sobre a Terra.

> Alegremo-nos, exultemos e demos-lhe a glória, porque são chegadas as bodas do Cordeiro, cuja esposa a si mesma já se ataviou, pois lhe foi dado vestir-se de linho finíssimo, resplandecente e puro. Porque o linho finíssimo são os atos de justiça dos santos. Então, me falou o anjo: Escreve: Bem-aventurados aqueles que são chamados à ceia das bodas do Cordeiro. E acrescentou: São estas as verdadeiras palavras de Deus. (Ap. 19:7-9)

Não faz muito tempo que o mundo assistiu ao príncipe William se casar com Kate Middleton e, mais tarde, o príncipe Harry se casar com Megan Markle. As noivas estavam lindas, e a pompa real estava em plena exibição. Pense, então, como será o casamento de Cristo com a Sua noiva. Os fãs da família real irão à loucura.

Antes do William ou do Harry se casarem com suas duquesas, por acaso, eles as fizeram passar por uma provação horrível para que elas pudessem mostrar que eram dignas? As noivas foram forçadas a suportar um período de sofrimentos e dor para se purificar de qualquer banalidade que lhes restasse? É claro que não. Que tipo de noivo faria uma coisa dessas? Mas isso é, essencialmente, o que aqueles que acreditam no arrebatamento pós-tribulação estão defendendo. Eles acham que Cristo irá dizer: "Querida noiva, eu adoraria me casar com você agora, mas você ainda não está em condições para tal. Talvez uns sete anos no moedor de carne da tribulação darão um jeito".

Há duas falhas fatais para o argumento da pós-tribulação. A primeira é a crença de que a igreja ainda não é muito digna de casar-se com o Salvador. Na verdade, nós estamos 100% prontos, pois foi Jesus quem nos fez dignos. "Ele [Deus] o fez pecado por nós; para que, nele, fôssemos feitos justiça de Deus" (2 Co. 5:21). **Não somos merecedores de ser a noiva de Cristo por qualquer coisa que** tenhamos feito. **Estamos aptos para o casamento pura e simplesmente pelo que Ele fez por nós.**

A segunda falha é que Jesus prometeu nos separar da ira que está por vir. Jesus proclamou à igreja de Filadélfia que: "Porque guardaste a palavra da minha perseverança, também eu te guardarei da hora da provação que há de vir sobre o mundo inteiro, para experimentar os que habitam sobre a terra" (Ap. 3:10). Perceba a expressão "guardarei da". Ele não usa as palavras "através" ou "em meio". A promessa é que a igreja será guardada "da" hora da provação, e isso faz sentido. O propósito da provação é de "experimentar [testar] os que habitam sobre a terra".

Por que a igreja precisa ser testada? Para descobrir até que ponto aguentamos uma pancada? Porque nós fomos justificados, nós já fomos testados e aprovados, através do sangue de Jesus Cristo. "Porque Deus não nos destinou para a ira, mas para alcançar a salvação mediante nosso Senhor Jesus Cristo, que morreu por nós para que, quer vigiemos, quer durmamos, vivamos em união com ele. Consolai-vos, pois, uns aos outros e edificai-vos reciprocamente, como também estais fazendo" (1 Ts. 5:9-11). Não fomos designados para sofrer a ira. Essa é a mensagem com a qual podemos encorajar uns aos outros. Se você quiser ficar por aqui e enfrentar a tribulação, fique à vontade. Eu tenho um casamento para ir.

Voltando para a Terra

Isso nos traz ao fim dos nossos sete primeiros anos no céu. Já teremos nos mudado para o lugar que Cristo preparou para nós; já teremos sido julgados e recebido nosso prêmio, e já estaremos com nosso novo marido. Depois disso, será tempo de voltarmos para a Terra. "[...] Então, virá o Senhor, meu Deus, e todos os santos, com ele" (Zc. 14:5). O Senhor voltará, e nós retornaremos com Ele.

Agora, é possível que, depois dos sete gloriosos anos no céu, nós digamos: "Credo! Eu não quero voltar para a Terra". Mas, quando retornarmos, esse lugar não será mais como era antes, pois nós não seremos mais como éramos antes. Voltaremos em nossos corpos glorificados, elegantes, esguios e sem precisar mais de óculos, remédios, ou qualquer coisa *fitness*.

E o que faremos depois do nosso retorno? Esse é o assunto dos próximos três capítulos.

CAPÍTULO II
O MILÊNIO – OS MIL ANOS COMEÇAM

HÁ ALGUNS ANOS, HAVIA UMA PROPAGANDA NA TELEVISÃO de uma bebida [um chá gelado] de uma marca famosa. Tipicamente, o comercial começava em um dia quente de verão. Naquele dia abafado, havia um homem operando uma britadeira, um marido e sua esposa fazendo a mudança dos móveis para a casa nova, ou ainda um grupo de jovens, cheios de energia, jogando vôlei na praia. A única coisa que todos eles tinham em comum era o suor escorrendo, como se fosse água em uma esponja sendo espremida. Beirando a desidratação, eles abriam uma caixa térmica cheia de gelo e pegavam uma lata desse chá gelado. Depois de abrir a lata com um estalo e de dar um golaço na bebida, eles davam um mergulho em uma piscina refrescante que, milagrosamente, surgira do nada. Quando voltavam do mergulho, com um longo suspiro de satisfação, a música de fundo ia aumentando, e as palavras: "Dê um mergulho..." e o nome da bebida piscavam na tela.

No capítulo anterior, nós fomos até o fim do pior período que esse mundo verá – guerras, mortes, pragas e desastres naturais, em uma escala que deixará seus poucos sobreviventes cambaleando. Eles vão precisar desesperadamente de um refresco e de um grande suspiro de alívio. Felizmente, Deus terá exatamente o que eles estão procurando. Ele abrirá uma piscina global para toda a criação cair nela. Haverá um grande e coletivo "aaaaahhh" enquanto a ira de Deus cessa. Então, um tempo de paz, que não era visto desde o tempo do Jardim do Éden, irá começar. Essa será a nossa introdução ao milênio.

"Espera aí, Amir... milênio? Esse livro não se chama *O dia se aproxima*? Parece que o *dia* não está apenas se aproximando; parece que ele já passou". Sim e não. O arrebatamento já veio e já passou – aquele foi um Dia do Senhor. Os sete anos da angústia de Jacó já vieram e já passaram – eles foram um Dia do Senhor. A segunda vinda do Messias já viu os pés de Jesus no Monte das Oliveiras – aquele foi um Dia do Senhor. No entanto, ainda há mais um *dia* que está por vir – o dia do julgamento, quando toda a humanidade estiver diante do trono sagrado. Os livros irão se abrir, e se o nome de alguém não for encontrado escrito no Livro da Vida, ele será jogado em um lago de fogo por toda a eternidade. Entre a segunda vinda do Messias e o dia final do julgamento, há um período de mil anos, conhecido como "milênio".

Há uma boa e uma má notícia sobre o milênio. A boa notícia é que ele é maravilhosamente além da nossa imaginação. Paz e tranquilidade serão a nova ordem mundial, enquanto Cristo reina de Jerusalém. A má notícia é que nós não estamos no milênio ainda. Ou, pensando melhor, isso pode ser uma notícia boa também. Há muitos que dizem que nós estamos no milênio agora. Se estivermos, então estou muito desapontado. Parecia muito melhor na Bíblia. É como sentar-se para assistir a um filme medíocre depois que os trailers nos prometeram muito mais do que isso. Poderia o mundo que hoje nos cerca ser tudo que há no milênio? Para saber se de fato estamos vivendo os mil anos do reinado de Cristo, nós precisamos nos separar do que as tradições e denominações dizem e ir direto à fonte.

O milênio aparece em ambos, o Novo e o Velho Testamento. O apóstolo João escreveu o que ele testemunhou a respeito do início desse período de paz.

> Então, vi descer do céu um anjo; tinha na mão a chave do abismo e uma grande corrente. Ele segurou o dragão, a

> antiga serpente, que é o diabo, Satanás, e o prendeu por mil anos; lançou-o no abismo, fechou-o e pôs selo sobre ele, para que não mais enganasse as nações até se completarem os mil anos. Depois disto, é necessário que ele seja solto pouco tempo. Vi também tronos, e nestes sentaram-se aqueles aos quais foi dada autoridade de julgar. Vi ainda as almas dos decapitados por causa do testemunho de Jesus, bem como por causa da palavra de Deus, tantos quantos não adoraram a besta, nem tampouco a sua imagem, e não receberam a marca na fronte e na mão; e viveram e reinaram com Cristo durante mil anos. Os restantes dos mortos não reviveram até que se completassem os mil anos. Esta é a primeira ressurreição. Bem-aventurado e santo é aquele que tem parte na primeira ressurreição; sobre esses a segunda morte não tem autoridade; pelo contrário, serão sacerdotes de Deus e de Cristo e reinarão com ele os mil anos. (Ap. 20:1-6)

Os "mil anos" que foram mencionados são de onde vem o nome "milênio" – a palavra "mil", em latim, é *mille*. Como João nos conta no texto mencionado acima, durante os mil anos, Satanás será lançado em um abismo profundo. Essa punição, bem merecida, começará no fim da tribulação. Deus irá amarrar o diabo, jogá-lo em um abismo, bater a porta e selá-la, para que não haja escapatória. Satanás estará aprisionado e sua influência será retirada da Terra até o fim dos mil anos. Durante esse tempo, ninguém poderá dizer "o diabo me tentou a fazer isso", pois o engano e a destruição do inimigo não serão mais uma força direta sobre os habitantes da Terra. Deus nos promete um ambiente inteiramente livre de Satanás, até que...

A expressão "até que", em Apocalipse 20:3, é importante. Isso é uma promessa e também um aviso. Há um período vindouro em que o mundo ficará livre de influência satânica, mas esse tempo será limitado. João escreveu: "[Deus] lançou-o [o diabo] no abismo, fechou-o e pôs selo sobre ele, para que não mais enganasse as nações até se completarem os mil anos. Depois disto, é necessário que ele seja solto pouco tempo" (Ap. 20:3). Quando os mil anos acabarem, é "necessário" que Satanás seja libertado. A palavra "necessário" também é importante. Para Deus cumprir o Seu plano, os portões da prisão precisam estar abertos, e Satanás deve obter sua ordem de soltura. O mundo entrará em um breve período de teste final, mas nós iremos falar sobre isso mais tarde.

Características do reino do milênio

Para muitos, o que eles sabem sobre o milênio se resume a leões, cordeiros e basicamente todo mundo se dando bem. Porém, a Bíblia mostra muito mais detalhes sobre esses mil anos. Através de um estudo detalhado, nós podemos aprender como o mundo estará política e espiritualmente, e também em relação à natureza. Podemos também concluir que é simplesmente impossível ser fiel às Escrituras enquanto acreditarmos já estar vivendo no reino do milênio. Aqui estão algumas das principais razões pelas quais podemos ter certeza de que não estamos no milênio.

De uma perspectiva política
Sem justiça, sem paz
Enquanto lemos sobre o cenário político da Terra durante o milênio, nós podemos, primeiro, observar que o governo do Senhor será mundial. Isaías escreveu: "Nos últimos dias, acontecerá que o monte da Casa do Senhor será estabelecido no cimo dos montes e se elevará sobre os outeiros, e para ele afluirão todos os povos" (Is. 2:2). Todos os povos, de todos os lugares, serão governados pelo único Rei, que reina de um único local. Hoje, temos entre 193 e 197 países no mundo, dependendo de quem você pergunta. Cada uma dessas nações possui seu próprio sistema político com suas próprias leis. Durante o milênio, haverá apenas um governo mundial, e a sua capital será Jerusalém.

Nesse tempo, a Terra estará em paz. Voltemos em Isaías: "Ele julgará entre os povos e corrigirá muitas nações; estas converterão as suas espadas em relhas de arados e suas lanças, em podadeiras; uma nação não levantará a espada contra outra nação, nem aprenderão mais a guerra" (Is. 2:4). Hum... Olá? Temos um reinado de paz em toda a Terra no momento? Na verdade, existe tudo menos isso. As nações estão se levantando umas contra as outras. Todo noticiário começa com uma ameaça da Rússia, Coreia do Norte, Irã ou Turquia. Pecado e corrupção estão por toda parte. Estamos longe da retidão e da justiça prometidas que marcarão o milênio.

> [...] mas julgará com justiça os pobres e decidirá com equidade a favor dos mansos da terra; ferirá a terra com a vara de sua boca e com o sopro dos seus lábios matará o perverso. A justiça será o cinto dos seus lombos, e a fidelidade, o cinto dos seus rins. (Is. 11:4-5)

Ao observarmos as nações desse mundo, *justiça* não seria a primeira palavra que vem à nossa mente.

Sem templo, sem trono

A próxima característica do milênio foi claramente descrita para nós em Isaías 2: "Irão muitas nações e dirão: Vinde, e subamos ao monte do Senhor e à casa do Deus de Jacó, para que nos ensine os seus caminhos, e andemos pelas suas veredas; porque de Sião sairá a lei, e a palavra do Senhor, de Jerusalém" (versículo 3). O trono do Senhor se estabelecerá na cidade de Jerusalém, pois Ele reinará do trono de Davi. Como alguém que mora em Israel, eu vou bastante a Jerusalém. Posso lhe garantir que se o Senhor, nesse exato momento, tivesse um trono na cidade e estivesse governando dali, eu provavelmente saberia. Isso não é algo fácil de esconder, ou sequer é para ser escondido. Os judeus nem possuem o Monte do Templo, muito menos a sala do trono do governo mundial.

O sistema político desse futuro reino não será uma democracia ou uma república, mas sim uma teocracia. *Theos* significa "Deus".

Portanto, no milênio, o Senhor será, Ele mesmo, o governo e quem governa. "Os teus olhos verão o rei na sua formosura, verão a terra que se estende até longe... Porque o Senhor é o nosso juiz, o Senhor é o nosso legislador, o Senhor é o nosso Rei; ele nos salvará" (Is. 33:17, 22). Novamente, isso com certeza não é o que temos hoje. Parece que, se há um grande governante na nossa cultura atual, são as supremas cortes. Geralmente, elas têm a última palavra sobre o que as outras áreas do governo tentam colocar em prática.

Se Deus é o Rei, faz sentido que os Seus filhos sejam príncipes e princesas. "Eis aí está que reinará um rei com justiça, e em retidão governarão príncipes" (Isaías 32:1). Eu não sei você, mas eu com certeza não governo nada como se fosse um príncipe. Ninguém está se curvando diante de mim, e faz algum tempo que não coloco uma coroa na cabeça.

Israel não é uma nação suprema

A última característica política do milênio está relacionada à nação de Israel. Porque Israel será o lar da sala do trono do Senhor em Jerusalém, ela será a nação suprema do mundo. "Fez a minha boca como uma espada aguda, na sombra da sua mão me escondeu; fez-me como uma flecha polida, e me guardou na sua aljava, e me disse: Tu és o meu servo, és Israel, por quem hei de ser glorificado" (Is. 49:2-3). No mundo de hoje, Israel é uma potência em crescimento, mas não é a principal superpotência. Essa honra pertence aos Estados Unidos. Depois vem a China, e então a Rússia. Mas, quando o Senhor assentar-se em Seu trono, em Jerusalém, todos os olhos se voltarão para Israel.

De uma perspectiva espiritual:

Qual será o estado espiritual do mundo durante o milênio? Primeiramente, a glória e a santidade do Senhor serão manifestadas. Deus fala sobre o dia em que Sua glória será vista por todos: "Porque conheço as suas obras e os seus pensamentos e venho para ajuntar todas as nações e línguas; elas virão e contemplarão a minha glória" (Is. 66:18). **Imagine um tempo em que o mundo inteiro se**

reunirá para testemunhar a glória de Deus – uma visão concedida a apenas uns poucos escolhidos no passado. Nesses dias que estão por vir, a alegria e o louvor prevalecerão entre o povo. Haverá um estado geral de santidade em toda a criação do Senhor.

O milênio verá o retorno rejubilante de todo o povo escolhido de Deus à Terra Santa. "Os resgatados do Senhor voltarão e virão a Sião com cânticos de júbilo; alegria eterna coroará a sua cabeça; gozo e alegria alcançarão, e deles fugirá a tristeza e o gemido" (Is. 35:10). Essa geração já presenciou o retorno de muitos judeus à Terra Prometida. No entanto, esse retorno não estava acompanhado de alegria e felicidade universal; "suspiro" é o nome do meio dos judeus. Até mesmo as vacas, quando produzem leite, suspiram *"Oy vey"*. [6]

Durante o milênio, Jerusalém será o centro político do mundo, e um templo reconstruído servirá como lugar de adoração do mundo todo. O Senhor prometeu em Isaías que:

> Aos estrangeiros que se chegam ao Senhor, para o servirem e para amarem o nome do Senhor, sendo deste modo servos seus, sim, todos os que guardam o sábado, não o profanando, e abraçam a minha aliança, também os levarei ao meu santo monte e os alegrarei na minha Casa de Oração; os seus holocaustos e os seus sacrifícios serão aceitos no meu altar, porque a minha casa será chamada Casa de Oração para todos os povos. (Is. 56:6-7)

Conforme eu mencionei anteriormente, eu vou a Jerusalém com bastante frequência. Quando eu piso no Monte das Oliveiras, olhando para baixo, vejo o Monte do Templo, o Domo da Rocha – a mesquita Al-Aqsa – e o Domo da Cadeia. Uma estrutura que eu não consigo ver é a do santo templo, do único e verdadeiro Deus.

Há outra mudança espiritual que irá alcançar a cidade de Jerusalém, a qual mal posso esperar para ver. Depois que o Senhor tiver

---

6 Frase que expressa luto, dor, frustração ou exasperação (em tradução livre). Dictionary.com

lavado a sujeira do povo de Sião, então "Criará o Senhor, sobre todo o monte de Sião e sobre todas as suas assembleias, uma nuvem de dia e fumaça e resplendor de fogo chamejante de noite; porque sobre toda a glória se estenderá um dossel e um pavilhão" (Is. 4:5). A Glória *Shekinah*[7], do Deus Criador, irá pairar sobre a cidade de Jerusalém como um dossel – uma nuvem linda e fofa durante o dia, e um fogo intenso e poderoso durante a noite. Feche seus olhos e imagine essa cena. O *Shekinah* que guiou Israel no deserto será reunido com o povo novamente.

Por último, a Terra toda "se encherá do conhecimento do Senhor, como as águas cobrem o mar" (Is. 11:9). Que imagem – a Terra se encherá do conhecimento de Deus assim como a água é molhada. "Molhada" é a característica que define a água. O conhecimento de Deus será a característica que define a Terra. Essa é a nossa realidade agora? Certamente não. Ainda há muitos lugares onde as pessoas nunca ouviram falar de Cristo. A ignorância espiritual é abundante, mesmo em lugares onde as livrarias estão cheias de tantas traduções da Bíblia quanto você possa imaginar. Engano, corrupção e pecado ainda estão na direção, enquanto o conhecimento de Deus foi mandado para o banco de trás.

De uma perspectiva da natureza:

Quando o milênio chegar, o mundo irá mudar política e espiritualmente. Além disso, há uma outra área em que iremos testemunhar mudanças importantes: o reino da natureza.

Primeiro, a terra de Israel não estará mais desolada:

> Serás uma coroa de glória na mão do Senhor, um diadema real na mão do teu Deus. Nunca mais te chamarão Desamparada, nem a tua terra se denominará jamais Desolada; mas chamar-te-ão Minha-Delícia; e à tua terra,

---

7 Shekinah é uma palavra hebraica que significa "habitação" ou "presença de Deus". Para os teólogos, a tradução que mais se aproxima dessa palavra é "a glória de Deus se manifesta". https://www.significados.com.br/

> Desposada; porque o Senhor se delicia em ti; e a tua terra se desposará. Porque, como o jovem desposa a donzela, assim teus filhos te desposarão a ti; como o noivo se alegra da noiva, assim de ti se alegrará o teu Deus. (Is. 62:3-5)

Em algumas versões bíblicas, você pode encontrar as expressões *Hefzibá* que significa "Minha-Delícia" e *Beulá* que significa "Casada". Conforme estiver lendo, você pode dizer: "Espere aí, Amir. Deus já não havia tirado Israel da desolação?" Sim, é verdade, e pontos extras por perceber isso. Conforme lemos essa longa lista de mudanças esperadas para o milênio, essa é a única na lista que já está concretizada. Deus restaurou Israel e a fez um país lindo e fértil novamente.

A segunda maior diferença na natureza ocorrerá no reino animal. Uma vez um amigo meu contou a história de quando foi visitar a Namíbia para gravar um vídeo para um ministério cristão. Enquanto ele estava lá, ele e o seu parceiro participaram de um safari. Num dado momento, enquanto o meu amigo estava gravando imagens lindas de um bando de leões pela porta aberta da van, o seu parceiro gritou: "Cuidado!" O meu amigo gritou e pulou de volta na van, esperando sentir os dentes esmagando e as garras rasgando sua carne. No entanto, ao invés de ouvir o rugido do ataque, ele ouviu uma risada vinda do banco da frente, onde o seu parceiro estava apontando para ele com lágrimas escorrendo dos olhos.

Por um breve momento, o meu amigo teve a certeza de que ele estava prestes a ser comido por um leão. Mas por quê? Porque é isso que leões fazem. Poucos de nós ousariam chegar perto de um leão e dizer: "Aqui, gatinho bonzinho". Os que ousariam, provavelmente fariam isso apenas uma vez. Esta é a natureza da natureza desde a queda.

Entretanto, no milênio, o reino animal será restaurado à sua perfeição original.

> O lobo habitará com o cordeiro, e o leopardo se deitará junto ao cabrito; o bezerro, o leão novo e o animal cevado

andarão juntos, e um pequenino os guiará. A vaca e a ursa pastarão juntas, e as suas crias juntas se deitarão; o leão comerá palha como o boi. A criança de peito brincará sobre a toca da áspide, e o já desmamado meterá a mão na cova do basilisco. Não se fará mal nem dano algum em todo o meu santo monte, porque a terra se encherá do conhecimento do Senhor, como as águas cobrem o mar. (Is. 11:6-9)

Animais venenosos não serão mais perigosos. Animais que comem carne serão herbívoros. Naquele dia, todos os membros do reino animal viverão juntos, em perfeita paz uns com os outros e com a raça humana. Na verdade, esse é um dos aspectos do milênio que mais me deixa intrigado.

Os problemas com o amilenismo

Depois de ver todas essas mudanças que irão acontecer com a chegada do reino do milênio, me surpreende que tantos pastores ao redor do mundo pensem que esse reinado de Cristo já começou. Há um grande engano entre ambos, cristãos e judeus, quando se trata desse período de tempo sem precedentes.

Na mentalidade dos judeus, o reino do milênio coincide com a primeira vinda do Messias. Essa é uma das razões pelas quais os judeus rejeitam a Jesus. Eles olham ao redor e não veem tudo que deveria estar aqui quando o Messias reinar. "O Messias esteve aqui? Então por que tantas pessoas ainda odeiam Israel?" "Você quer dizer que Jesus é o Messias? Bom, então Ele foi embora e não lembrou de introduzir aquela coisa toda do cordeiro e o leão." Eles confundem a visita de Jesus com a Sua estadia permanente.

O que fez da primeira visita de Jesus singular? Ele veio apenas por um curto período de tempo e Seu propósito principal era resolver a questão do pecado. Os judeus perderam essa visita. Eles ainda estão esperando pela segunda vinda como se fosse a primeira.

O enganador os enganou. O que nós chamamos de reino do milênio, eles chamam de período messiânico de Israel. Quão triste é ver que eles perderam a primeira visita do Messias, e que, quando Jesus voltar e chamar a Sua igreja para encontrá-Lo nas alturas, eles perderão a oportunidade novamente.

Porém, os judeus não são os únicos que estão confusos sobre o milênio. A Igreja Católica e a maioria das igrejas protestantes não estão ansiosas para o milênio. Mesmo dentro das igrejas evangélicas cristãs, há muitos – principalmente aqueles que vem de um contexto da Reforma – que se consideram amilenistas. Infelizmente, o inimigo fez um excelente trabalho ao enganá-los.

Os amilenistas – o prefixo "a" significa "não", em grego – acreditam que Jesus já está regendo o mundo dos céus através da igreja. Da perspectiva deles, o fato de Jesus estar em Seu trono celestial significa que o Seu reino chegou. E, se isso for verdade, então nós devemos estar no milênio. O reinado milenar de Cristo começou na cruz e continuará até a Sua segunda vinda.

Você pode dizer: "Amir, com uma conta de matemática básica, parece-me que dois mil anos se passaram desde a cruz, e não apenas mil". Esse é um ponto excelente. Os amilenistas dirão que os mil anos não devem ser considerados de forma literal; que é apenas uma figura de linguagem que representa um longo período. Alguns, inclusive, apontarão a passagem em que Pedro diz: "Há, todavia, uma coisa, amados, que não deveis esquecer: que, para o Senhor, um dia é como mil anos, e mil anos, como um dia" (2 Pe. 3:8). Eles dirão: "Está vendo? Isso mostra que 'mil anos' não significa de fato mil anos". No entanto, no contexto de 2 Pedro, isso realmente é uma figura de linguagem e é apresentada como tal. Pedro utilizou esse número para demonstrar a natureza de extrema longanimidade do Senhor. Quando vemos "mil anos" mencionados em Apocalipse 20, o contexto é uma narrativa profética. Não há comparações feitas. No começo de Apocalipse 20, o período específico de mil anos é mencionado cinco vezes em um intervalo de seis versículos.

O segundo problema com o ponto de vista dos amilenistas é que nenhuma das características do reino do milênio se encaixa no que está acontecendo no mundo hoje, exceto pela restauração da terra de Israel. Para os amilenistas, a lista de mudanças políticas, espirituais e as mudanças que irão acontecer na natureza devem ser consideradas alegorias. Em outras palavras, nós devemos acreditar que as palavras que estamos lendo na Bíblia não são o que parecem ser. Ao invés disso, elas precisam ser entendidas como uma descrição de como será o reino do milênio de uma perspectiva espiritual, e não de forma física e literal.

Entretanto, isso é um grande problema para o ponto de vista amilenista, pois significa desvalorizar as Escrituras. Uma vez que dissermos que essa parte da Bíblia não pode ser considerada de forma literal, então ficará muito fácil levar essa abordagem para outros trechos. Com certeza, há diferentes gêneros de escrita na Bíblia, mas nós devemos ser extremamente cuidadosos para não espiritualizar uma passagem que, de acordo com todos os indícios, deveria ser lida de forma literal.

Um reino literal

O milênio será um período no qual Cristo reinará por mil anos, de um trono físico, em Jerusalém. Haverá, literalmente, mudanças verdadeiras no mundo físico, espiritual e natural. Eu uso a palavra *literalmente* de propósito, pois as mudanças estão escritas para nós na Palavra de Deus, ditas pelos profetas e testemunhadas pelo apóstolo João.

Antes de ler o próximo capítulo, eu gostaria que você parasse por um momento. Toque em seu próprio braço. Você sente a fisicalidade do seu corpo? Bata com o pé no chão. Você sente a solidez do chão abaixo de você? Saia da sua casa por um momento. Consegue sentir a brisa que pode estar soprando em seu rosto e, gentilmente, movimentando seus cabelos? Você consegue ver a natureza genuína da paisagem ao seu redor? Isso é porque você é uma pessoa real vivendo em um mundo real.

Essa é a mesma realidade que iremos experimentar no milênio. É possível que a nossa pele possa se comportar de uma forma diferente por causa de nossos corpos incorruptíveis. É provável que a paisagem tenha mudado durante a devastação da tribulação. No entanto, quando os mil anos começarem, você e eu não seremos espíritos sem corpo, pairando sobre um mundo etéreo. Nós iremos experimentar tudo que pudermos ver, ouvir, provar e cheirar, enquanto nós, fisicamente, vivemos o reino de Jesus Cristo sobre a Terra. Feche os olhos e imagine que está subindo os degraus de mármore de um grande edifício, adentrando um hall imenso. Você observa que, bem lá no fundo, o seu Salvador está assentado em Seu trono. Uau, que momento incrível será esse quando acontecer!

CAPÍTULO 12

O MILÊNIO – QUEM SOBROU NA VIZINHANÇA?

NÓS VIMOS QUE, COM A CHEGADA DO MILÊNIO, ACONTECERÃO grandes mudanças. Mas, ao invés de tudo ser novo, há muitas partes desse mundo que se tornarão velhas novamente. O que eu quero dizer é que boa parte da Terra retornará ao seu estado original, como Deus criou. Haverá paz na Terra. Todas as criaturas de Deus habitarão juntas e em harmonia. O Senhor habitará entre o Seu povo, e eles O adorarão pessoalmente. O mundo terá uma atmosfera nostálgica, parecida com aquela desfrutada no Jardim do Éden.

A confusão sobre o milênio

Nos Estados Unidos, podemos encontrar qualquer tipo de música nas rádios – barulhenta, suave, velha, nova, cristã e definitivamente não cristã. Há um tipo de estação que toca o que chamamos de "clássicos". Porém, a palavra *clássico* significa coisas diferentes para pessoas diferentes. Para alguns, o rock nos anos 1970 e 1980 é clássico. Para outros, são as grandes bandas dos anos 1930 e 1940. Ainda há quem vá mais longe, séculos atrás, para encontrar os seus próprios clássicos. Eu lembro de uma vez em que estava no carro com um amigo, e a filha adolescente dele saltou do banco de trás, dizendo: "Ah, essa música é um clássico. É de 2005". Naquele momento, eu senti meu corpo envelhecer uns dez anos.

O povo judeu está ansioso pela natureza clássica do milênio. Eles mal podem esperar para a volta do apogeu de Israel no mundo. O único problema é que a definição deles de *clássico* não volta o suficiente ao passado. Isso é particularmente verdade quando se trata daquele que se sentará no trono de Jerusalém. Os judeus querem um novo rei Davi – um Messias humano. No entanto, ao fazer isso, o povo judeu está pensando muito pequeno. Ao invés de celebrar o tempo da monarquia de Israel, eles precisam olhar para o tempo em que o próprio Senhor guiava a nação, através de uma nuvem e uma coluna de fogo.

Essa confusão é compreensível. Ezequiel escreveu: "Suscitarei para elas um só pastor, e ele as apascentará; o meu servo Davi é que as apascentará; ele lhes servirá de pastor. Eu, o Senhor, lhes serei por Deus, e o meu servo Davi será príncipe no meio delas; eu, o Senhor, o disse" (capítulo 34:23-24). Nesse trecho, as Escrituras claramente dizem que Davi será o único pastor sobre o povo. Em Jeremias, o Senhor disse: "Que servirá ao Senhor, seu Deus, como também a Davi, seu rei, que lhe levantarei" (Jr. 30:9). Certamente, parece que um novo Davi messiânico – ou até mesmo o próprio Davi "ressuscitado" – será aquele que se sentará no trono durante estes mil anos de governo.

Para tentar desfazer essa confusão, nós precisamos entender dois fatores. O primeiro é que devemos compreender que há duas ressurreições, e o segundo é que nós precisamos saber como a Bíblia utiliza a tipologia.

Entendendo as duas ressurreições:

Nas Escrituras, a primeira ressurreição começa com Jesus, que é "as primícias dos que dormem" (1 Co. 15:20). Por Cristo ser chamado de "primícias", podemos deduzir que mais pessoas serão ressuscitadas posteriormente. Essa dedução será concretizada no arrebatamento, quando a igreja for levada para estar com Cristo.

> Ora, ainda vos declaramos, por palavra do Senhor, isto: nós, os vivos, os que ficarmos até à vinda do Senhor, de modo algum precederemos os que dormem. Porquanto o Senhor mesmo, dada a sua palavra de ordem, ouvida a voz do arcanjo, e ressoada a trombeta de Deus, descerá dos céus, e os mortos em Cristo ressuscitarão primeiro; depois, nós, os vivos, os que ficarmos, seremos arrebatados juntamente com eles, entre nuvens, para o encontro do Senhor nos ares, e, assim, estaremos para sempre com o Senhor. (1 Ts. 4:15-17)

Todos os que creram, e que morreram durante a era da igreja, serão ressuscitados naquele glorioso momento para estar com Cristo para sempre.

No entanto, o arrebatamento não acaba com a primeira ressurreição. No meio da tribulação, mais dois homens ressuscitarão dos mortos. Durante três anos e meio, Deus usará essas duas testemunhas para pregar a verdade em Jerusalém. As pessoas não irão gostar do que elas dirão e tentarão matá-las. Péssima ideia. "Se alguém pretende causar-lhes dano, sai fogo da sua boca e devora os inimigos; sim, se alguém pretender causar-lhes dano, certamente, deve morrer." (Ap. 11:5). Esses dois se tornarão os homens mais odiados do planeta – não apenas por dizer coisas que as pessoas não querem ouvir, mas porque eles falarão sobre pragas, seca, fome e o que parece ser o pior caso de bafo de dragão já registrado.

Por último, no fim da missão das duas testemunhas, a besta surgirá para matá-los, deixando seus corpos para apodrecer nas ruas de Jerusalém. Isso levará o mundo todo a festejar. Todos estarão tão aliviados de não ter mais que ouvi-los, que as pessoas lotarão as ruas para celebrar e trocar presentes. Cartões do "Dia das Testemunhas Mortas" serão vendidos em todas as lojas. Não é assim que acontece nos dias de hoje? As pessoas não querem ouvir sobre os próprios pecados. Eles preferem atacar aqueles que chamam a sua atenção por causa da imoralidade, do que fazer qualquer coisa para mudar suas ações perversas.

No entanto, a festa desses foliões acabará rapidamente. Após três dias e meio, "um espírito de vida, vindo da parte de Deus" entrará nas testemunhas, que ficarão de pé, e um grande medo cairá sobre todos os que verem isso. Uma voz do céu irá dizer "Subi para aqui", e eles ascenderão "ao céu numa nuvem" (Ap. 11:11-12). Essa ressurreição será seguida de um grande terremoto que abalará Jerusalém, destruindo 1/10 da cidade e matando 7 mil pessoas.

Depois disso, a primeira ressurreição ainda não terá terminado. No final da angústia de Jacó – ou a tribulação –, todos os santos do Antigo Testamento serão ressuscitados.

> Nesse tempo, se levantará Miguel, o grande príncipe, o defensor dos filhos do teu povo, e haverá tempo de angústia, qual nunca houve, desde que houve nação até àquele tempo; mas, naquele tempo, será salvo o teu povo, todo aquele que for achado inscrito no livro. Muitos dos que dormem no pó da terra ressuscitarão, uns para a vida eterna, e outros para vergonha e horror eterno. (Dn. 12:1-2)

Imagine os patriarcas Abraão, Isaque e Jacó voltando para a Terra fisicamente. Enquanto andamos pelas ruas, durante o milênio, teremos a chance de passar por Moisés, Elias ou Jonas (que esperamos por este tempo já ter se livrado do cheiro de peixe no cabelo). Talvez você compareça a um simpósio, à noite, no centro de convenções, onde heróis como Noé, Sansão ou Ester cativarão o público com todos os detalhes de suas experiências angustiantes.

Ainda há mais um grupo de pessoas que participará da primeira ressurreição. Os mártires da tribulação – aqueles que se converterem ao cristianismo durante os sete anos da ira de Deus, e depois forem mortos por causa da sua fé.

> Vi também tronos, e nestes sentaram-se aqueles aos quais foi dada autoridade de julgar. Vi ainda as almas dos decapitados por causa do testemunho de Jesus, bem como por causa da palavra de Deus, tantos quantos não adoraram a besta, nem tampouco a sua imagem, e não receberam a marca na fronte e na mão; e viveram e reinaram com Cristo durante mil anos. Os restantes dos mortos não reviveram até que se completassem os mil anos. Esta é a primeira ressurreição. Bem-aventurado e santo é aquele que tem parte na primeira ressurreição; sobre esses a segunda morte não tem autoridade; pelo contrário, serão sacerdotes de Deus e de Cristo e reinarão com ele os mil anos. (Ap. 20:4-6)

A ressurreição desse último grupo levará João a fechar a porta dizendo: "Essa foi a primeira ressurreição".

Perceba, na passagem acima, que há um outro grupo que será trazido de volta dos mortos. Eles são os "restantes dos mortos" – aqueles que não serão trazidos de volta à vida até que terminem os mil anos. Esses retardatários da ressurreição são os mortos que permaneceram incrédulos. Eles serão ressuscitados para o julgamento.

> Vi um grande trono branco e aquele que nele se assenta, de cuja presença fugiram a terra e o céu, e não se achou lugar para eles. Vi também os mortos, os grandes e os pequenos, postos em pé diante do trono. Então, se abriram livros. Ainda outro livro, o Livro da Vida, foi aberto. E os mortos foram julgados, segundo as suas obras, conforme o que se achava escrito nos livros. Deu o mar os mortos que nele estavam. A morte e o além entregaram os mortos que neles havia. E foram julgados, um por um, segundo as suas obras. Então, a morte

e o inferno foram lançados para dentro do lago de fogo. Esta é a segunda morte, o lago de fogo. E, se alguém não foi achado inscrito no Livro da Vida, esse foi lançado para dentro do lago de fogo. (Ap. 20:11-15)

Essa será a ressurreição da qual ninguém quer fazer parte. Observe que, nesse momento, todo aquele que não creu será ressuscitado. Não importa de qual período da história eles sejam, em que parte do mundo eles viveram, ou quais eram as suas crenças.

Em um dado momento, todo mundo que já viveu experimentará a ressurreição. A única diferença será onde cada uma dessas pessoas passará a eternidade depois de ser ressuscitado. Jesus deixou claro que o único jeito de ir para o céu, e conhecer alegria e felicidade na presença do único e verdadeiro Deus, é acreditando Nele. Ele disse: "Porque Deus amou ao mundo de tal maneira que deu o seu Filho unigênito, para que todo o que nele crê não pereça, mas tenha a vida eterna" (Jo. 3:16). Se você não ainda não crê em Jesus Cristo para a sua salvação, e não O convidou para ser o seu Senhor, agora é o momento de fazer isso. Se você se entregar a Ele de coração e alma, tenha certeza de que você participará da *primeira* ressurreição – que leva para a vida eterna – e não da *segunda* ressurreição – que leva à morte e à separação eterna de Deus.

Para entender as passagens de "Davi" no começo desse capítulo, nós precisamos, primeiro, dar sentido às duas ressurreições. Agora nós iremos examinar como a Bíblia utiliza a tipologia quando uma pessoa ou coisa é um presságio (anúncio) de outra.

Entendendo como a Bíblia utiliza a tipologia:
Através do profeta Malaquias, Deus prometeu: "Eis que eu vos enviarei o profeta Elias, antes que venha o grande e terrível Dia do Senhor; ele converterá o coração dos pais aos filhos e o coração dos filhos a seus pais, para que eu não venha e fira a terra com maldição" (Ml. 4: 5-6). De acordo com essa profecia,

o profeta Elias retornará da sua ascensão na carruagem de fogo ao céu para caminhar sobre a Terra novamente.

Jesus concordou com essa profecia de Malaquias. Na transfiguração, Pedro, Tiago e João viram Jesus falando com Moisés e Elias. Impressionados com o que haviam acabado de ver, os discípulos perguntaram a Ele: "Por que dizem os escribas ser necessário que Elias venha primeiro? Então, ele lhes disse: Elias, vindo primeiro, restaurará todas as coisas; como, pois, está escrito sobre o Filho do Homem que sofrerá muito e será aviltado? Eu, porém, vos digo que Elias já veio, e fizeram com ele tudo o que quiseram, como a seu respeito está escrito" (Mc. 9:11-13). É sobre essa aparição de Elias que o profeta Malaquias estava falando? De acordo com Jesus, não. Ele disse que eles "fizeram com ele tudo o que quiseram". Ainda assim, ninguém fez nada com Elias no Monte da Transfiguração. Isso significa que Jesus deve estar falando sobre outro tempo.

Em Mateus 11, Jesus falou sobre João Batista com as multidões. Ele ensinou sobre como esse mensageiro foi o maior e o último no reino de Deus. E então ele disse: "E, se o quereis reconhecer, ele mesmo é Elias, que estava para vir" (Mt. 11:14). João Batista é o cumprimento da profecia de Malaquias. Elias e o seu ministério eram um tipo – ou um prenúncio – de um ministério ainda maior que estava por vir; o ministério de João Batista. Essa situação é idêntica à maneira como a Páscoa Judaica e as Festas serviam como sombra do que estava por vir.

Esse mesmo tipo de tipologia é encontrado na conexão entre Davi e Cristo. Os judeus às vezes se referiam ao Messias como "Davi", pois eles sabiam que o Messias viria da linhagem de Davi. O Novo Testamento também fala sobre Jesus como o "Filho de Davi". Em certa ocasião, quando Jesus estava passando por Jericó, um homem cego, chamado Bartimeu, gritou: "Jesus, Filho de Davi, tem compaixão de mim!" (Mc. 10:47). Proclamar esse título foi o jeito daquele homem de afirmar a sua crença de que Jesus era o Messias prometido.

Há outras conexões tipológicas entre Davi e Jesus. No Velho Testamento, o rei Davi era um homem segundo o coração de Deus; um rei improvável, mas que Deus mesmo escolheu, e o Espírito de Deus estava sobre ele. Cada uma dessas características poderia se aplicar também a Jesus. Contudo, o Rei eterno, que irá governar do trono de Davi, não será Davi, mas sim Jesus Cristo.

Isso não quer dizer que Davi não governará nada. O grande rei Davi será ressuscitado no começo do milênio, junto com todos os outros santos do Antigo Testamento. Ele habitará entre aqueles que reinarão com Jesus. "O reino, e o domínio, e a majestade dos reinos debaixo de todo o céu serão dados ao povo dos santos do Altíssimo; o seu reino será reino eterno, e todos os domínios o servirão e lhe obedecerão" (Dn. 7:27). Mesmo assim, como evidenciado na palavra "povo", no versículo anterior, Davi não será o único humano a governar. Todos os que creram, seja do passado ou do presente, governarão as nações e julgarão o mundo. O apóstolo Paulo escreveu: "Ou não sabeis que os santos hão de julgar o mundo? Ora, se o mundo deverá ser julgado por vós, sois, acaso, indignos de julgar as coisas mínimas?" (1 Co. 6:2). É melhor começarmos a passar nossa toga preta e polir nosso martelo, pois aqueles "santos [que] hão que julgar" incluem você e eu.

Como será esse julgamento? Na verdade, nós não sabemos. O Senhor escolheu manter os detalhes para Si mesmo. É como se Ele nos tivesse dado um jornal com o título da manchete, mas sem revelar o restante da história. Talvez Ele soubesse que se nós tivéssemos uma longa lista de detalhes, pensaríamos muito no futuro e deixaríamos o presente de lado. Portanto, em Sua grande sabedoria, Ele decidiu nos revelar apenas o suficiente: "Ao vencedor, dar-lhe-ei sentar-se comigo no meu trono, assim como também eu venci e me sentei com meu Pai no seu trono", prometeu Jesus em Apocalipse 3:21. Uau, que bela imagem!

Com base nessa promessa, nós sabemos que, de alguma forma, nós iremos compartilhar da autoridade de Cristo. Há também evidências de que a nossa autoridade individual, no reino do milênio, será baseada em como nós lidamos com as responsabilidades que Deus nos dá aqui na Terra. Jesus contou a história de um homem nobre que precisou deixar o seu país por um tempo. Ele reuniu dez dos seus servos e deu a cada um deles uma mina (um montante de dinheiro que valia aproximadamente três meses de salário) para que fizessem negócios enquanto ele estava fora.

Após o seu retorno para casa, o homem nobre reuniu seus servos novamente. Ele pediu que relatassem como se saíram. "Compareceu o primeiro e disse: Senhor, a tua mina rendeu dez. Respondeu-lhe o senhor: Muito bem, servo bom; porque foste fiel no pouco, terás autoridade sobre dez cidades. Veio o segundo, dizendo: Senhor, a tua mina rendeu cinco. A este disse: Terás autoridade sobre cinco cidades" (Lc. 19:16-19).

Tudo parecia estar indo bem, até que o terceiro homem deu um passo à frente e disse: "Eis aqui, senhor, tua mina, que eu guardei embrulhada num lenço. Pois tive medo de ti, que és homem rigoroso", disse ele (versículos 20 e 21). Essa notícia enfureceu o homem nobre: "E disse aos que o assistiam: Tirai-lhe a mina e dai-a ao que tem as dez. Eles ponderaram: Senhor, ele já tem dez. Pois eu vos declaro: a todo o que tem dar-se-lhe-á; mas ao que não tem, o que tem lhe será tirado" (versículos 24 a 26). O Senhor está observando o que fazemos com o que Ele nos dá. Se você fizer bastante em vida, Ele saberá que pode confiar bastante a você quando governar no reino do milênio junto com Ele.

Com esse entendimento da tipologia bíblica, será que já podemos responder quem se assentará no trono global em Jerusalém? Será Jesus, como o Rei dos reis. Humanamente falando, Jesus é da dinastia davídica. Mas em poder, glória, justiça e de todas as outras formas, Ele é devidamente chamado de Davi Maior, e "o governo estará sobre os seus ombros" (Is. 9:6).

Um pouso em Jerusalém

Nós já vimos o *quem* do reino milenar – Jesus, o Reis dos reis e Senhor dos senhores. A próxima pergunta está relacionada com o *onde*. Onde esse reino milenar começará? E onde terá a sua sede?

Como acabamos de ver, as respostas para ambas as questões se resumem em uma só: Jerusalém. É por isso que é essencial que Jerusalém volte para as mãos do povo judeu. É por isso, também, que foi tão importante quando o presidente Donald Trump mudou a embaixada americana de volta para Jerusalém. Muitas pessoas não acharam que essa mudança foi grande coisa, mas ela foi profeticamente significativa; a maior superpotência mundial reconheceu Jerusalém como a capital de Israel. Isso teria sido inédito durante os 1.800 anos após as últimas rebeliões judaicas contra Roma, no século II d.C. Durante quase 2 mil anos, teria sido impossível que a segunda vinda acontecesse e que o reino milenar começasse. **Porém, hoje, sem sombra de dúvida, Jerusalém pertence aos judeus, e nós demos outro passo gigante em direção ao dia que se aproxima.**

Uma Jerusalém judaica abre as portas para o retorno de Jesus no fim da tribulação.

> Então, sairá o Senhor e pelejará contra essas nações, como pelejou no dia da batalha. Naquele dia, estarão os seus pés sobre o monte das Oliveiras, que está defronte de Jerusalém para o oriente; o monte das Oliveiras será fendido pelo meio, para o oriente e para o ocidente, e haverá um vale muito grande; metade do monte se apartará para o norte, e a outra metade, para o sul. (Zc. 14:3-4)

O Monte das Oliveiras fica a leste da antiga cidade de Jerusalém. Geralmente, quando vemos fotos panorâmicas do Monte do Templo e da cidade de Jerusalém, elas são tiradas do Monte das

Oliveiras. Se você, algum dia, vier visitar a Terra Santa, sem dúvidas você subirá essa colina para apreciar a bela vista.

Imagine a expressão no rosto de Jesus quando os Seus pés tocarem novamente o Monte das Oliveiras. Será uma expressão de triunfo ou pesar? De amor ou julgamento? Se você pertence ao Senhor, nunca saberá. A expressão que Ele fará permanecerá um mistério, pois Ele estará de costas para você. Nós, que somos o povo do Senhor, retornaremos com Ele, mas será Ele quem irá liderar o ataque. Ele consumirá Seus inimigos com o sopro da Sua boca. Nós estaremos atrás Dele, seguindo o Seu comando. Quando deixarmos a Terra, veremos a face de Jesus, e quando retornarmos, estaremos vendo as Suas costas.

Com o retorno de Jesus, ao lado dos muros da cidade de Jerusalém, a questão é como os judeus irão reagir. Eles celebrarão ou ficarão apavorados? Será que eles gritarão novamente "Crucifica-O!", assim como fizeram há milhares de anos?

O Senhor respondeu dizendo: "E sobre a casa de Davi e sobre os habitantes de Jerusalém derramarei o espírito da graça e de súplicas; olharão para aquele a quem traspassaram; prateá-lo-ão como quem pranteia por um unigênito e chorarão por ele como se chora amargamente pelo primogênito" (Zc. 12:10). Em Oséias, Ele diz: "Irei e voltarei para o meu lugar, até que se reconheçam culpados e busquem a minha face; estando eles angustiados, cedo me buscarão" (Os. 5:15). Quando o Senhor retornar, os judeus remanescentes perceberão que estavam errados esse tempo todo. Naquele momento, eles reconhecerão que Jesus é o verdadeiro Messias.

Uma vez que esse reconhecimento acontecer, Deus derramará a Sua graça sobre o Seu povo. Quando os judeus finalmente buscarem ao Senhor, Ele será encontrado por eles. Eles clamarão mais uma vez dizendo: *"Baruch hashem Adonai"*, que significa "Bendito seja Ele que vem em nome do Senhor!" Esse é o glorioso avivamento prometido por Paulo em Romanos 11:26-27: "E, assim, todo o Israel será salvo, como está escrito: Virá de Sião o Libertador e ele apartará de Jacó as impiedades. Esta é a minha aliança com eles, quando eu tirar os seus pecados". Louvado seja o nosso Deus fiel, cujas palavras permanecem verdadeiras e cujo amor nunca falha!

Jeremias nos dá uma visão clara sobre o papel que o povo judeu terá durante o milênio. Ele retrata esse período como um tempo em que Israel e Judá irão se unir em paz novamente, e a cidade de Jerusalém será chamada de "O Trono do Senhor".

> Naquele tempo, chamarão a Jerusalém de Trono do Senhor; nela se reunirão todas as nações em nome do Senhor e já não andarão segundo a dureza do seu coração maligno. Naqueles dias, andará a casa de Judá com a casa de Israel, e virão juntas da terra do Norte para a terra que dei em herança a vossos pais. (Jr. 3:17-18)

O reino dividido se unirá mais uma vez sob o estandarte do Senhor. Jesus, o Renovo de justiça, reinará como Rei "e procederá sabiamente, executando o juízo e a justiça na terra" (Jr. 23:5). E por causa do Seu novo papel como Rei, o nome de Jesus mudará para *Yahweh-Tsidkenu*, que significa "O Senhor é a nossa justiça" (versículo 6).

Enquanto Jesus reina como Rei dos reis, haverá também um rei da nação de Israel "que servirá ao Senhor, seu Deus, como também a Davi, seu rei, que lhe levantarei" (Jr. 30:9). Lembre-se que Davi será ressuscitado no final da tribulação, junto com os santos do Antigo Testamento. Portanto, depois de tantos anos, o rei Davi se sentará novamente em seu lugar de direito, no trono de Israel. Sob a sua liderança, os inimigos de Israel serão destruídos (versículo 11), a cidade de Jerusalém e o templo serão reconstruídos (versículo 18) e a população se multiplicará (versículo 19).

Não é de se admirar que a virgem "se alegrará na dança, e também os jovens e os velhos; tornarei o seu pranto em júbilo e os consolarei; transformarei em regozijo a sua tristeza" (Jr. 31:13). O Senhor fará como prometeu, transformando seus corações de pedra em corações de carne de verdade. Ele fará uma nova aliança com eles:

> Na mente, lhes imprimirei as minhas leis, também no coração lhas inscreverei; eu serei o seu Deus, e eles serão o meu povo. Não ensinará jamais cada um ao seu próximo, nem cada um ao seu irmão, dizendo: Conhece ao Senhor, porque todos me conhecerão, desde o menor até ao maior deles, diz o Senhor. Pois perdoarei as suas iniquidades e dos seus pecados jamais me lembrarei. (Versículos 33 e 34)

As ruas de Jerusalém se encherão novamente com uma "voz de júbilo e de alegria" (Jr. 33:11)!

Que dia incrível será quando aqueles divinos pés tocarem a Terra novamente. A igreja ressurreta retornará com o seu esposo, e o povo judeu reconhecerá o seu Messias. Esse será um tempo de ira e reavivamento; de guerra e reconciliação. No entanto, quando o frenesi da segunda vinda passar, o que acontece depois? Pelas minhas contas, há pessoas da igreja com corpos ressurretos, santos do Velho Testamento com corpos ressurretos, judeus recém-convertidos com corpos terrestres, e santos da tribulação com corpos terrestres que, de alguma forma, sobreviveram aos julgamentos. Não é porque você joga várias verduras em uma tigela que elas se transformam em uma salada. Mas então, como isso vai funcionar?

CAPÍTULO 13

O MILÊNIO – MAIS DO QUE UM LONGO CASTIGO

A NTIGAMENTE, QUANDO UMA CRIANÇA FICAVA FORA DE controle ou precisava ser disciplinada por alguma travessura, a punição era geralmente física. Enquanto alguns pais abusavam dessa conduta, a maioria das crianças apenas recebia um tapa no bumbum ou no dorso da mão. Hoje em dia, vivemos em um tempo mais gentil e afável. A disciplina física é reprovada por grande parte da sociedade. Ao invés disso, os pais são estimulados a explicar para seus filhos o porquê do seu comportamento ter sido ruim, e as razões pelas quais eles não devem fazer isso novamente. Se não funcionar, então a criança desobediente deve ser colocada de castigo.

Para muitos, o milênio parece ser um longo castigo para Satanás. Ele foi muito perverso por todos esses anos, e Deus finalmente ficou farto dele. Portanto, vá já para o canto, jovenzinho, e pense sobre o que fez e em como ter uma conduta melhor.

Mas será que é isso o que significam os mil anos?

Enquanto terminamos de analisar o milênio, há quatro questões finais que precisam ser abordadas: Como estará Jerusalém durante aqueles mil anos? Quem estará no reino milenar e como eles irão interagir uns com os outros? Qual é o propósito do milênio? E por que é tão crucialmente importante que estudemos tudo isso hoje?

Jerusalém no milênio

Vamos começar com Jerusalém. A Jerusalém que está em Israel, hoje, é a mesma Jerusalém que estará em Israel no milênio. A Nova Jerusalém não descerá dos céus até que Deus tenha criado um novo céu e uma nova Terra (Ap. 21:1-2). No entanto, haverá pelo menos uma mudança estrutural bem importante, e ela está relacionada com a água.

Em Ezequiel 47, no meio de uma visão, o profeta está sendo guiado ao redor do templo por um homem com aparência de bronze, que estava carregando um cordel de linho e uma cana de medir. Quando Ezequiel foi guiado até a porta do templo, ele percebeu que havia água jorrando debaixo do limiar do templo, para o oriente. Isso é algo novo. Eu posso lhe afirmar agora mesmo que, não apenas não há um templo em Jerusalém, como também que a única água que pode fluir do Monte do Templo é se um cano estourar debaixo da Mesquita Al-Aqsa.

O homem com aparência de bronze guiou Ezequiel até que eles saíssem pelo portão norte do templo, e lá a água ainda estava escorrendo. Eles caminharam ao longo do riacho por quinhentos metros e checaram a sua profundidade com o velho método de "ficar em pé dentro d'água". Aqui, o riacho estava dando nos tornozelos. Eles andaram outros quinhentos metros, e dessa vez a água já dava nos joelhos. Mais outros quinhentos metros, e a água estava dando na cintura. Outros quinhentos metros e o rio ficou tão cheio que Ezequiel precisou nadar para manter sua cabeça fora d'água. Então, o homem de bronze levou Ezequiel de volta para a terra firme.

> Tendo eu voltado, eis que à margem do rio havia grande abundância de árvores, de um e de outro lado. Então, me disse: Estas águas saem para a região oriental, e descem à campina, e entram no mar Morto, cujas águas ficarão saudáveis. Toda criatura vivente que vive em enxames viverá por onde quer que passe este rio, e haverá

muitíssimo peixe, e, aonde chegarem estas águas, tornarão saudáveis as do mar, e tudo viverá por onde quer que passe este rio. Junto a ele se acharão pescadores; desde En-Gedi até En-Eglaim haverá lugar para se estenderem redes; o seu peixe, segundo as suas espécies, será como o peixe do mar Grande, em multidão excessiva. Mas os seus charcos e os seus pântanos não serão feitos saudáveis; serão deixados para o sal. Junto ao rio, às ribanceiras, de um e de outro lado, nascerá toda sorte de árvore que dá fruto para se comer; não fenecerá a sua folha, nem faltará o seu fruto; nos seus meses, produzirá novos frutos, porque as suas águas saem do santuário; o seu fruto servirá de alimento, e a sua folha, de remédio. (Ez. 47: 7-12)

O mar para onde esse rio está indo é o Mar Morto, que possui esse nome por uma razão – ele é um mar que está morto. O teor de sal nele é tão alto que nada sobrevive ali. No entanto, quando essas futuras águas que curam fluírem do templo e fizerem uma jornada de mais de 30 km até o mar Morto, elas levarão vida. De repente, o que esteve morto por tanto tempo receberá vida, e em abundância. O que uma vez estava vazio e estéril se encherá de esperança e alegria. Que bela imagem essa de Jesus oferecendo água viva à mulher samaritana em João 4:10-14! Aquilo que estava morto em pecado foi lavado e purificado pela água que Jesus oferece. A vida vem – e não apenas para hoje, mas por toda a eternidade.

Talvez você tenha notado algum outro detalhe na visão de Ezequiel. A água fluirá do limiar do templo. Para que haja um limiar, é preciso que haja um templo. A partir do que aprendemos nos capítulos anteriores, você pode estar dizendo agora: "É claro, Amir – aquele é o templo que o Anticristo permitirá que os judeus construam". Você pode até pensar que é ele, mas estaria errado. Esse é o quarto templo.

O primeiro templo foi o templo de Salomão. Exuberante e ornamentado, cheio de ouro e com cheiro de cedro. Esse é o templo no qual os judeus de todas as idades pensam e pelo qual suspiram ansiosamente. O primeiro templo foi destruído pelos babilônios em 586 a.C.

O segundo templo começou a ser construído por Zorobabel, em 516 a.C., depois do retorno do exílio babilônico. Mais tarde, essa estrutura foi aprimorada por Herodes, o Grande, em um tempo que antecedeu o nascimento de Jesus. Esse templo sobreviveu até o ano 70 d.C., quando os romanos o destruíram, junto com boa parte da cidade de Jerusalém.

O templo da tribulação é o terceiro da fila. Ele terá o menor tempo de vida de todos os templos. Zacarias profetizou: "Naquele dia, estarão os seus pés sobre o monte das Oliveiras, que está defronte de Jerusalém para o oriente; o monte das Oliveiras será fendido pelo meio, para o oriente e para o ocidente, e haverá um vale muito grande; metade do monte se apartará para o norte, e a outra metade, para o sul" (Zc. 14:4). Essa grande mudança na superfície da Terra causará um terremoto que nivelará tudo por quilômetros e quilômetros.

Com o terceiro templo destruído, será necessário mais um antes de os templos se tornarem obsoletos com o novo céu e a nova Terra, pois "o seu santuário é o Senhor, o Deus Todo-Poderoso, e o Cordeiro" (Ap. 21:22). O quarto templo será construído no começo do milênio e servirá como o centro de adoração para o mundo durante mil anos. Esse é o templo que toda a humanidade, de todos os cantos da Terra, irá visitar, como veremos logo em Zacarias 14. Dentre aqueles que terão que viajar para ir adorar, estão os remanescentes que sobreviveram à grande tribulação, junto com seus filhos, que terão nascido durante o reino dos mil anos.

O que faremos durante o milênio?

No reino milenar vindouro, os que foram ressuscitados terão papéis e atividades para fazer. Esses mil anos não serão apenas um tempo para fazer carinho em pandas e coalas. Nosso serviço para Cristo continuará. "Bem-aventurado e santo é aquele que tem parte na primeira ressurreição; sobre esses a segunda morte não tem autoridade; pelo contrário, serão sacerdotes de Deus e de Cristo e reinarão com ele os mil anos" (Ap. 20:6). De certa forma, nós, os ressuscitados, teremos autoridade e liderança como representantes de Cristo.

A implicação lógica é que, se nós somos os que reinam, então deve haver aqueles sobre os quais reinamos. Os reinados serão os sobreviventes da tribulação [de todas as nações] e os seus subsequentes descendentes. Haverá aqueles que creram e que deram as suas vidas para Cristo durante a tribulação e, de alguma forma, evitaram ser mortos durante os sete anos da ira de Deus. Junto com eles estarão os judeus, que são parte do avivamento em massa de Romanos 11. Porém, antes de qualquer um desses grupos ser admitido no milênio, eles devem encarar o julgamento de Cristo.

Quando Jesus voltar pela segunda vez, Ele fará o seguinte no julgamento:

> Quando vier o Filho do Homem na sua majestade e todos os anjos com ele, então, se assentará no trono da sua glória; e todas as nações serão reunidas em sua presença, e ele separará uns dos outros, como o pastor separa dos cabritos as ovelhas; e porá as ovelhas à sua direita, mas os cabritos, à esquerda. (Mt. 25:31-33)

Jesus afirma que será Ele mesmo quem olhará para as ovelhas à Sua direita e dirá: "Vocês fizeram um trabalho incrível. Me deram de comer quando eu tinha fome, saciaram minha sede, me vestiram, me visitaram quando estava doente e levantaram meu ânimo quando eu estava na prisão." Confusos, aqueles à sua direita dirão: "Ó Rei, nós não lembramos de ver o Senhor quando estávamos fazendo todas essas coisas". E então o Rei responderá: "Em verdade vos afirmo que, sempre que o fizestes a um destes meus pequeninos irmãos, a mim o fizeste" (Mt. 25:40). Então, aqueles à sua direita serão convidados para entrar no reino do milênio.

Ouvindo sobre essa mudança e com grande pavor estarão os cabritos à esquerda. Com certeza, quando o Rei Jesus se virar para eles, Ele dirá: "Afastem-se. Todas aquelas coisas que eu acabei de dizer, e que as ovelhas fizeram, vocês não fizeram". Os cabritos irão protestar: "Senhor, quando foi que te vimos com fome, com sede, forasteiro, nu, enfermo ou preso e não te assistimos?" (Mt. 25:44). Jesus dirá que, negligenciando o menor dos seus, eles também O negligenciaram, e então Ele irá concluir seu pronunciamento: "irão estes para o castigo eterno, porém os justos, para a vida eterna" (Mt. 25:46).

Quando as ovelhas entrarem no milênio, elas ainda terão seus corpos terrestres. Isso significa que ainda conseguirão se reproduzir. Inicialmente, pode até parecer que a proporção de pessoas que reinam para pessoas que são reinadas seja parecida com a anterior, devido à devastação da tribulação vs. os milhões de reconciliados a Cristo durante os anos. Com o tempo, essa disparidade provavelmente irá diminuir. A população mundial estimada no ano 1000 d.C. (Anno Domini ou Ano do Senhor) é entre 250 e 350 milhões. Hoje, a estimativa é de 7,5 bilhões. Esse é um mundo imperfeito, no qual a expectativa de vida está entre a metade, ou um pouco além da metade, de dois dígitos, dependendo da sua localização e época.

Porém, na era milenar, a expectativa de vida será parecida com aquela do período da criação – o período antes do impacto cada vez mais devastador do pecado sobre a humanidade e sobre o mundo. Não será incomum, para muitas gerações de uma única linhagem, estarem todos vivos ao mesmo tempo. Você pode encontrar um jovem na rua e dizer: "Ei, eu estou te reconhecendo. Você tem os olhos... e o temperamento do seu tatara-tatara-tatara-tatara-tatara-tataravô".

O pecado ainda existirá no milênio, assim a morte também permanecerá. Embora as pessoas vivam mais, elas ainda morrerão. Nós, em nossos corpos glorificados, no entanto, não. Lembre-se, teremos mudado.

> Eis que vos digo um mistério: nem todos dormiremos, mas transformados seremos todos, num momento, num abrir e fechar de olhos, ao ressoar da última trombeta. A trombeta soará, os mortos ressuscitarão incorruptíveis, e nós seremos transformados. Porque é necessário que este corpo corruptível se revista da incorruptibilidade, e que o corpo mortal se revista da imortalidade. E, quando este corpo corruptível se revestir de incorruptibilidade, e o que é mortal se revestir de imortalidade, então, se cumprirá a palavra que está escrita: Tragada foi a morte pela vitória. (1 Co. 15:51-54)

Quando o arrebatamento acontecer, nossos corpos ganharão a melhor atualização de todas. Trocaremos a velha lataria de uma minivan por um carro esportivo e elegante novinho. E o mais incrível é que esse carro esportivo nunca irá amassar ou quebrar – você não precisará, sequer, comprar a garantia estendida. Pense: quando trocarmos de corpo em um piscar de olhos, nunca mais precisaremos nos preocupar com o que comer. Poderemos comer quantos donuts quisermos e jamais engordar. Aqueles que serão reinados, que ainda estarão suscetíveis a todas as coisas ruins da antiga carne, poderão comer apenas um donut antes de ter que correr uns 5 km para perder essas calorias. Por outro lado, você e seus amigos poderão ir à loja de *donuts* e aproveitar a promoção "compre seis dúzias e leve mais seis de graça". Esse fato, por si só, já é motivo suficiente para crer!

O milênio será um tempo em que os imortais irão interagir com os mortais. Os sem pecado estarão junto com os que ainda são pecadores. A carne incorruptível irá conviver com a carne corruptível. Será um tempo em que toda a humanidade – não importando o status do seu corpo físico – se juntará para adorar o Rei Jesus em Seu trono.

> Todos os que restarem de todas as nações que vieram contra Jerusalém subirão de ano em ano para adorar o Rei, o Senhor dos Exércitos, e para celebrar a Festa dos Tabernáculos. Se alguma das famílias da terra não subir a Jerusalém, para adorar o Rei, o Senhor dos Exércitos, não virá sobre ela a chuva. Se a família dos egípcios não subir, nem vier, não cairá sobre eles a chuva; virá a praga com que o Senhor ferirá as nações que não subirem a celebrar a Festa dos Tabernáculos. Este será o castigo dos egípcios e o castigo de todas as nações que não subirem a celebrar a Festa dos Tabernáculos. (Zc. 14:16-19)

A profecia de Zacarias começou tão bem e, se terminasse no final da primeira frase, então tudo estaria ótimo. Infelizmente, não acaba por aí. O pecado é pecado, a carne é carne, e humanidade é humanidade. Mesmo com Jesus fisicamente no trono de Jerusalém, e com o diabo no abismo profundo, as pessoas ainda se rebelarão contra Deus. É aqui que chegamos ao propósito do milênio.

Por que sequer precisamos de um milênio?

Uma razão pela qual algumas pessoas têm dificuldade de acreditar na forma literal, física e terrestre do reinado milenar de Cristo é que elas não conseguem ver um propósito nisso. Esse não é um evento meio aleatório? A história caminha com certa normalidade até que, de repente, surge este estranho período parentético extremamente longo. Será que Deus está apenas estendendo Suas férias? Novamente, como já observamos antes, esse é mesmo um castigo para disciplinar Satanás, para ver se ele finalmente se ajeita e pede desculpa por seu mau comportamento?

Isso não é nenhum mistério, como algumas pessoas acham que é por aí. Para muitos cristãos, o propósito do milênio é simplesmente desconfortável, e não necessariamente algo difícil se entender. Qual foi o propósito da primeira vinda de Jesus? "Pois Deus enviou o seu Filho ao mundo, não para condenar o mundo, mas para que este fosse salvo por meio dele" (Jo. 3:17). Essa é a maneira como a maioria de nós prefere enxergar Jesus – o amoroso Salvador sacrificial. Isso se encaixa muito melhor no doce e amável menino Jesus que colocamos no presépio de Natal. Gostamos da parte de perdoar 70 × 7 do nosso gentil e misericordioso Senhor.

É por isso que a segunda vinda de Cristo abala tantas pessoas. Quando Jesus retornar, Ele fará isso não com um abraço, mas com uma espada. Paulo disse aos atenienses: "Ora, não levou Deus em conta os tempos da ignorância; agora, porém, notifica aos homens que todos, em toda parte, se arrependam; porquanto estabeleceu um dia em que há de julgar o mundo com justiça, por meio de um varão que destinou e acreditou diante de todos, ressuscitando-o dentre os mortos" (At. 17:30-31). Quando Jesus voltar, não será como Salvador, mas como Juiz.

Observe o qualificador que descreve o tipo de julgamento que Cristo trará. Quando Ele for julgar, será "em justiça". Se Deus julgar o mundo com base nisso, Ele vai querer ter certeza de que a Sua justiça foi mostrada de forma clara (Is. 11; 61). A verdade foi pregada em Sua primeira vinda e será exibida em Sua segunda vinda. **Na paz e na beleza do milênio, ninguém deixará de notar as evidências do caráter de Deus.** Elas serão exibidas na natureza e entre as nações.

Talvez você tenha perdido Jesus em Sua primeira vinda. Talvez Ele não fosse bem o que você esperava. Mas, aqui está Ele novamente. Jesus está reinando de Jerusalém. Satanás não está por perto para lhe enganar ou distrair. Nessas condições, parece que todo mundo iria crer automaticamente. Mas não será assim.

Extraordinariamente, apesar de todas as confirmações de justiça ao redor deles, massas de mortais da era milenar ainda virarão as costas para o Salvador. É aqui que encontramos o segundo propósito do milênio que equilibra (compensa) a revelação da justiça de Deus. Onde há pecado e rebelião, deve haver julgamento.

Acontecerão dois julgamentos no reino do milênio. Nós já demos uma olhada no primeiro – as ovelhas e os cabritos, mencionados em Mateus 25. Esse é o mesmo julgamento sobre o qual o profeta Joel escreveu:

> Eis que, naqueles dias e naquele tempo, em que mudarei a sorte de Judá e de Jerusalém, congregarei todas as nações e as farei descer ao vale de Josafá; e ali entrarei em juízo contra elas por causa do meu povo e da minha herança, Israel [...]. (Jl. 3:1-2)

É a partir das ovelhas desse julgamento – os judeus recém-salvos e os que creram sobreviventes da tribulação – que o reino do milênio será povoado. Porém, como já vimos, a perfeição espiritual dessa primeira geração milenar não durará. Portanto, quando Satanás finalmente for solto, ele encontrará um exército pronto, ansiando para que ele os guie por uma rebelião militar contra o Senhor. Essa é a segunda e maior batalha de Gogue e Magogue, mencionada na Bíblia:

> Quando, porém, se completarem os mil anos, Satanás será solto da sua prisão e sairá a seduzir as nações que há nos quatro cantos da terra, Gogue e Magogue, a fim de reuni-las para a peleja. O número dessas é como a areia do mar. Marcharam, então, pela superfície da terra e sitiaram o acampamento dos santos e a cidade querida; desceu, porém, fogo do céu e os consumiu. (Ap. 20:7-9)

Quando o Senhor realizar a Sua vitória garantida naquela batalha, será o fim de todo pecado, rebelião e morte. Satanás será jogado no lago de fogo para se juntar à besta e ao falso profeta, que já estarão cumprindo esse destino há mil anos.

É aí onde o segundo julgamento milenar – o julgamento do Grande Trono Branco – irá acontecer. Jesus, em toda a Sua glória divina, sentar-se-á diante de todas as pessoas do mundo, que se ajuntarão diante Dele:

> Vi um grande trono branco e aquele que nele se assenta, de cuja presença fugiram a terra e o céu, e não se achou lugar para eles. Vi também os mortos, os grandes e os pequenos, postos em pé diante do trono. Então, se abriram livros. Ainda outro livro, o Livro da Vida, foi aberto. E os mortos foram julgados, segundo as suas obras, conforme o que se achava escrito nos livros. Deu o mar os mortos que nele estavam. A morte e o além entregaram os mortos que neles havia. E foram julgados, um por um, segundo as suas obras. Então, a morte e o inferno foram lançados para dentro do lago de fogo. Esta é a segunda morte, o lago de fogo. E, se alguém não foi achado inscrito no Livro da Vida, esse foi lançado para dentro do lago de fogo. (Ap. 20:11-15)

Esse será um dia sombrio e trágico. Nesse momento, todos aqueles que rejeitaram a Deus, desde Caim até o fim dos tempos, ficarão de pé diante do Rei que os julgará. Eles finalmente entenderão a gravidade de sua rebelião, reconhecerão a natureza hedionda de seus pecados e se darão conta da integridade da justiça do Senhor, conforme lhes for demonstrada. E eles irão chorar de tristeza enquanto são lançados no lago de fogo por toda eternidade.

É doloroso até mesmo escrever sobre isso. Pessoas que eu conheço, e amo, irão encarar o Senhor nesse julgamento. Eu consigo fechar os olhos e imaginar os olhares aterrorizados e de remorso em seus rostos enquanto ouvem o pronunciamento do veredito. Não consigo nem pensar no que vem a seguir, com eles sendo jogados para sua justa punição. Meu amigo, ou amiga, permita que isso seja um motivador para que você se esforce para viver o

Evangelho e falar sobre ele para todos ao seu redor. Mesmo que as pessoas o rejeitem ou zombem de você pela sua ousadia, não seria esse um preço pequeno a pagar pela chance de ser um dos responsáveis por resgatá-los desse julgamento final?

O tempo é curto. Devemos nos encarregar das coisas do nosso Pai.

Por que devemos estudar sobre o milênio?

Você poderá dizer: "Amir, todas essas coisas sobre o milênio são interessantes, mas elas são mesmo importantes? Lógico, é divertido falar sobre leões e cordeiros, mas há mesmo doutrinas essenciais, e que podem ser aplicadas, das quais precisamos saber?" Bem, se o milênio não é importante, então por que João teve aquela grande revelação apocalíptica, conhecida por nós como o final da Bíblia? E quanto àqueles profetas do Antigo Testamento que tiveram sonhos e visões que nos dão detalhes sobre o milênio? Apenas o fato de que Deus sentiu que era importante deixar uma parte tão significativamente grande da Sua Palavra para falar sobre esses mil anos, deveria ser suficiente para lhe convencer que vale a pena estudá-lo.

Aumentar a nossa motivação em alcançar aqueles que amamos é razão suficiente para estudar sobre o milênio. Nós precisamos saber o que os aguarda se eles não abrirem o coração para o Salvador.

Mesmo assim, outro propósito para estudar o que as Escrituras dizem sobre o milênio é que você precisa se certificar de que *você* também está bem com Deus. As suas decisões, hoje, serão refletidas no lugar que você ocupará e nas tarefas que realizará durante o reino milenar. Se você escolher a Jesus agora, você reinará com Ele no futuro. No entanto, se negá-lo hoje, Ele o negará diante do Pai. Não há promoções no reino milenar. Ou você irá governar, ou será governado. Siga a Jesus hoje, e você reinará com Ele amanhã. Rejeite a Jesus hoje, e você pode nem chegar a ver o amanhã. Paulo escreveu a Timóteo: "Se já morremos com ele, também viveremos com ele; se perseveramos, também com ele reinaremos; se o negamos, ele, por sua vez, nos negará" (2 Tm. 2:11-12). Eu prefiro, muito mais, estar dentre aqueles que reinarão do que entre os que serão renegados.

Tome uma decisão agora. A Bíblia nos diz que a procrastinação não é uma opção. "[...] Eis, agora, o tempo sobremodo oportuno, eis, agora, o dia da salvação" (2 Co. 6:2). Entregue o seu coração a Cristo e garanta seu lugar na família de Deus. Seja membro da noiva de Cristo, cumprindo um papel no reino milenar, e com a eternidade para experimentar o novo céu e a nova Terra do nosso Criador.

CAPÍTULO 14

UMA OLHADA NOS LIVROS

ESTAMOS, FINALMENTE, NO FIM DOS TEMPOS. FIZEMOS UMA longa jornada até aqui, começando lá em Gênesis, e chegando agora no *grand finale* da magnífica sinfonia da história de Deus. O velho está prestes a dar lugar ao novo; o corruptível, original, está prestes a ser colocado de lado e a dar lugar ao modelo atualizado. O Céu e a Terra 2.0 estão prestes a ser revelados. No entanto, antes de darmos os passos finais rumo à eternidade, há algo que precisamos terminar. Há alguns eventos que tem que acontecer, e então, finalmente, o problema do pecado será resolvido de uma vez por todas.

Antes do milênio, a besta e o seu profeta foram lançados no lago de fogo. "Mas a besta foi aprisionada, e com ela o falso profeta que, com os sinais feitos diante dela, seduziu aqueles que receberam a marca da besta e eram os adoradores da sua imagem. Os dois foram lançados vivos dentro do lago de fogo que arde com enxofre" (Ap. 19:20). Mais tarde, depois da rebelião, no fim dos mil anos, Satanás também terá sido eliminado para sempre. "O diabo, o sedutor deles, foi lançado para dentro do lago de fogo e enxofre, onde já se encontram não só a besta como também o falso profeta; e serão atormentados de dia e de noite, pelos séculos dos séculos" (Ap. 20:10). Adeus, boa viagem. Não sentiremos sua falta. Porém, o pecado não irá desaparecer com a remoção desses três.

Os imperadores do pecado terão ido embora, mas os pecadores permanecerão.

Se o novo céu e a nova Terra de Deus serão ambientes perfeitos, então a questão do pecado e o pecador também devem ser resolvidos. Vamos entrar no julgamento final – o processo judicial celestial em que o destino final e eterno das pessoas será pronunciado. Aqueles que ainda vivem com a mancha do pecado serão lançados fora, de uma vez por todas, seguindo o destino do seu mestre, o diabo. Aqueles que foram justificados por Deus, através do sangue de Jesus Cristo, serão salvos de um destino terrível. No entanto, como vamos saber quem é quem? Está tudo nos livros.

O grande coletor de dados

Todos nós gostamos da nossa privacidade. Ninguém quer se sentir em um Big Brother, com pessoas observando ou intervindo em nossas vidas. Nos sentimos violados quando ouvimos que o Facebook e o Google coletam e armazenam nossas informações pessoais, e nos sentimos traídos quando descobrimos que vendemos os detalhes das nossas vidas para um coletor de dados e profissionais do marketing. Algumas vezes, parece que só de *pensarmos* em querer comprar um novo relógio, de repente, começam a aparecer anúncios de relógios em todas as páginas da internet que abrimos.

Por melhores que o Facebook e o Google sejam em coletar detalhes específicos sobre nós, existe alguém que é ainda melhor. Nosso Deus é um Grande Coletor de Dados. Ele consegue armazenar cada fragmento de informação sobre quem nós somos, o que fazemos, e armazenar tudo isso nas profundezas do Seu arquivo onisciente. O Seu conhecimento sobre nós não se estende simplesmente a quem nós somos e ao que fizemos. Ele também inclui tudo o que nós ainda faremos ou pensaremos. Quantas vezes, nos Evangelhos, Jesus sentou-se com um grupo de pessoas e, conhecendo seus pensamentos com antecedência, respondeu suas perguntas mesmo antes que as fizessem?

Se pudéssemos abrir os armários do arquivo da mente ilimitada de Deus, que conhecimento sobre nós mesmos nós encontraríamos lá? Vamos criar um modelo dessa lista.

Os trabalhos de todas as pessoas:
"Vi também os mortos, os grandes e os pequenos, postos em pé diante do trono. Então, se abriram livros. Ainda outro livro, o Livro da Vida, foi aberto. E os mortos foram julgados, segundo as suas obras, conforme o que se achava escrito nos livros" (Ap. 20:12). Deus observou cada ação de todos os seres humanos de todos os tempos, e as escreveu em Seu livro. Haverá um dia em que esses livros serão abertos e lidos diante da humanidade.

Os nomes de todos os cristãos:
"E, se alguém não foi achado inscrito no Livro da Vida, esse foi lançado para dentro do lago de fogo" (Ap. 20:15). Se todos aqueles cujos nomes não estiverem no Livro da Vida forem condenados, então, a quem pertencem os nomes que foram escritos no Livro da Vida? Esses são aqueles que não foram condenados – aqueles que entregaram suas vidas para Cristo e se comprometeram em segui-Lo todos os dias.

O número e os nomes de todas as estrelas:
"Conta o número das estrelas, chamando-as todas pelo seu nome" (Sl. 147:4). Certo, talvez esse não seja especificamente sobre os seres humanos, mas ainda assim é incrível. Você já foi a um lugar longe das luzes da cidade e olhou para o céu? A vista que temos, mesmo a olho nu, é surpreendente. Quando percebemos que estamos vislumbrando apenas uma fração do universo, somos lembrados do quão grande é Deus. Por que Deus gastaria tempo decorando os nomes das estrelas? Na verdade, Ele não fez isso. Ele já sabia seus nomes, pois criou todas elas. Ele deu nome, criou e colocou cada uma delas em seu devido lugar: "Você vai ser a estrela Bob. Você, a estrela Sally. E você – a estrela mais brilhante – Estrelada Cintilante."

Os cabelos da nossa cabeça:

"[...] Até os cabelos todos da cabeça estão contados" (Mt. 10:30). É verdade que a cabeça de algumas pessoas são um desafio menor para Deus do que outras. É incrível que o Senhor nos conheça tão bem a ponto de mesmo um detalhe que parece insignificante não ficar além do Seu cuidado. **Se Deus se importa tanto com as pequenas coisas, imagine a Sua paixão pelas maiores.**

Todas as nossas lágrimas:

"Contaste os meus passos quando sofri perseguições; recolheste as minhas lágrimas no teu odre; não estão elas inscritas no teu livro?" (Sl. 56:8). Se você alguma vez se sentir sozinho enquanto chora, saiba que você não está. Nesses momentos em que o coração está partido, de luto e triste, o Senhor está lá, sentindo junto cada lágrima que você derrama. Ele conhece todos os motivos pelos quais você chora.

As características físicas de cada pessoa:

"Os teus olhos me viram a substância ainda informe, e no teu livro foram escritos todos os meus dias, cada um deles escrito e determinado, quando nem um deles havia ainda" (Sl. 139:16). Desde o momento da concepção, Deus sabia como seria sua aparência. Até antes de Ele observar a primeira divisão de células, e depois a segunda, e a terceira, e assim por diante, Deus já havia visto o seu rosto e se alegrado com a beleza da própria criação.

Toda palavra proferida:

"Digo-vos que de toda palavra frívola que proferirem os homens, dela darão conta no Dia do Juízo" (Mt. 12:36). Você se lembra de quando disse isso e aquilo para aquela determinada pessoa? Deus também lembra. Dos insultos que foram gritados, aos palavrões murmurados baixinho, Deus ouve todos eles e os colocará em nossa conta. Ele também ouve e ama cada oração cochichada, e cada uma das exclamações de adoração. Esses são sons que agradam os Seus ouvidos e levam alegria ao Seu coração.

Toda obra para Deus:

"Porque Deus não é injusto para ficar esquecido do vosso trabalho e do amor que evidenciastes para com o seu nome, pois servistes e ainda servis aos santos" (Hb. 6:10). Quando você deixa uma cesta de comida na porta da casa de uma família necessitada, Deus vê. Os dias de limpeza na igreja, até tarde da noite, para deixar tudo pronto para o culto do dia seguinte, o Senhor está vendo isso. Quando você está se arrastando porque seus joelhos já estão duros e fracos, depois de tantas horas no grupo de oração, o Espírito esteve com você em todos esses momentos. **Não há nada feito para a glória de Deus que Ele não enxergue ou de que não se lembre.**

Investimentos feitos no reino de Deus:

"Mas ajuntai para vós outros tesouros no céu, onde traça nem ferrugem corrói, e onde ladrões não escavam, nem roubam; porque, onde está o teu tesouro, aí estará também o teu coração" (Mt. 6:20-21). Eu já estive em muitas igrejas e participei de inúmeros cultos. Em algumas delas, eu me sento bem lá na frente, até ser chamado para pregar. Em outras, eu tenho uma cadeira reservada para mim em cima do palco. O que eu consigo ver desse ponto de vista é incrível – são coisas que geralmente pensamos que ninguém vê.

Eu consigo espiar quando você está cochilando, e a reação da sua esposa lhe dando uma cotovelada. Geralmente, consigo ver a diferença entre alguém procurando uma passagem da Bíblia no celular, e alguém olhando o Facebook, fazendo de conta que está lendo a passagem bíblica. Eu também consigo ver aqueles que, durante a oferta, estão olhando para os lados para garantir que todos vejam o que ele está colocando na cesta. Também há aqueles que, discretamente, colocam ali a sua oferta, esperando que ninguém veja o que estão fazendo. A segunda questão é *como* devemos dar. Dobre o seu cheque antes de colocá-lo na cesta. Enrole a sua nota de 20 dólares dentro da de 1 dólar. Deus sabe o quanto ofertamos – não há nenhuma razão para que alguém mais saiba. Estamos acumulando tesouros no céu, e não elogios na Terra.

Aqueles que temem a Deus:

"Então, os que temiam ao Senhor falavam uns aos outros; o Senhor atentava e ouvia; havia um memorial escrito diante dele para os que temem ao Senhor e para os que se lembram do seu nome" (Ml. 3:16). Aqueles que adoram ao Senhor e anseiam por conhecê-Lo são reconhecidos e ouvidos por Ele. Ele se certifica de que os seus nomes estão escritos no Seu livro da Lembrança.

Isso nos leva de volta aos livros em Apocalipse 20:11-15. Esses livros estão preenchidos com nomes e informações. O primeiro volume contém a trajetória de todas as pessoas de todos os tempos e todos os lugares. Cada pessoa que já nasceu possui o nome nesse livro. O segundo volume é o Livro da Vida. Essa é a lista de todos aqueles que passarão a eternidade com Deus.

Em certo sentido, ambos são livros da vida. Um deles inclui todos que já viveram, e o outro, a lista de todos que entrarão na eternidade. O primeiro é o menor dos livros, e o último é o maior. Assim como as festividades, há uma sombra e há uma substância física.

A dualidade dos livros

Há um tipo de dualidade nos dois livros que pode ser vista por toda a Escritura. A dualidade é vista nos nossos dois nascimentos. Quantos de vocês, que estão lendo esse livro, já nasceram em algum momento da vida? Vou apostar que a porcentagem é bastante grande. Agora, creio que vou entrar em um limbo aqui, mas eu posso garantir que não há uma pessoa viva nessa Terra que não tenha iniciado a vida com o nascimento. No entanto, Jesus nos conta sobre um outro nascimento; um nascimento que não começa a sua vida física, mas a sua vida eterna.

> A isto, respondeu Jesus: Em verdade, em verdade te digo que, se alguém não nascer de novo, não pode ver o reino

de Deus. Perguntou-lhe Nicodemos: Como pode um homem nascer, sendo velho? Pode, porventura, voltar ao ventre materno e nascer segunda vez? Respondeu Jesus: Em verdade, em verdade te digo: quem não nascer da água e do Espírito não pode entrar no reino de Deus. (Jo. 3:3-5)

A primeira vez que fui às Filipinas, em 1998, antes de um dos cultos, alguém me abordou e perguntou se eu era católico ou nascido de novo. Eu não tive muita certeza de como responder, pois eu sabia que os dois não são, necessariamente, mutuamente exclusivos. Durante a noite, eu entendi que "nascido de novo" é simplesmente um termo que aquela congregação usa para diferenciar cristãos evangélicos de católicos. No entanto, o uso dessa frase por Jesus envolve mais do que apenas um título ou uma descrição. É uma imagem incrível de palavras.

O fariseu Nicodemos não conseguiu descobrir o que Jesus quis dizer com "nascido de novo". Não é impossível retornar ao ventre da própria mãe? E, mesmo se não fosse, quem iria querer fazer isso? Jesus explicou que é preciso nascer da água e do Espírito. Todos são nascidos da água. Por nove meses, cada um de nós foi um ótimo nadador. E então, a bolsa se rompe, e nós nascemos. Isso nos traz à vida física.

Para a vida eterna, nós precisamos nascer do Espírito. O primeiro nascimento – da água – é necessário para a admissão no mundo natural. O segundo é necessário para a admissão no mundo celestial. O nascimento na água ocorre no início de nosso tempo na Terra. O nascimento espiritual pode acontecer a qualquer momento, enquanto tivermos fôlego. O nascimento físico é passivo, ou seja, nós não fazemos nada para que ele aconteça. O nascimento espiritual é ativo, o que significa que ele acontece quando escolhemos seguir a Jesus Cristo.

A segunda dualidade pode ser vista em nossas duas vidas. Paulo escreveu: "Se habita em vós o Espírito daquele que ressuscitou a Jesus dentre os mortos, esse mesmo que ressuscitou a Cristo Jesus dentre os mortos vivificará também o vosso corpo mortal, por meio do seu Espírito, que em vós habita" (Rm. 8:11). Creio que podemos concordar que cada um de nós está fisicamente vivo. Porém, a vida que vivemos agora não é suficiente. Essa é simplesmente a vida de uma pessoa com um corpo mortal. Quando nascemos de novo, o Espírito de Deus, que ressuscitou Jesus dos mortos, passa a habitar em nós. Essa é a nova vida. A primeira vida é temporária e terá um fim. A nova vida é eterna e durará para sempre.

Semelhante a ter duas vidas, há também duas mortes. Por mais trágico que possa ser esse fato, as pessoas morrem. "E, assim como aos homens está ordenado morrerem uma só vez, vindo, depois disto, o juízo" (Hb. 9:27). No curso da vida, a morte simplesmente acontece. O corpo físico possui uma data de validade e, em algum momento, o seu tempo chegará ao fim. Entretanto, é possível estar morto, mesmo estando fisicamente vivo. "E a vós outros, que estáveis mortos pelas vossas transgressões e pela incircuncisão da vossa carne, vos deu vida juntamente com ele, perdoando todos os nossos delitos" (Cl. 2:13). O pecado nos mata espiritualmente. Mas através da obra de Cristo na cruz, e do perdão que vem dela, Deus pode nos trazer de volta à vida.

Como aprendemos anteriormente, há duas ressurreições. A primeira começa com Jesus como "[...] as primícias dos que dormem" (1 Co. 15:20). Lázaro morreu, foi ressuscitado e depois morreu novamente. Ninguém, além de Jesus, já morreu, ressuscitou e nunca mais morreu. Como Ele é a primícia, nós sabemos que quando formos ressuscitados para estar com o Senhor, nós, assim como Ele, estaremos livres da morte de uma vez por todas. Essa primeira ressurreição começa com Jesus e vai até a segunda vinda. A segunda ressurreição acontecerá no fim do reino milenar. Todos que já viveram farão parte de uma dessas duas ressurreições. De qual delas você fará parte vai depender de uma outra dualidade – se você crê ou não crê.

Isso nos leva à última dualidade – os dois livros. O primeiro conjunto de livros é o menor. Ele contém os nomes de todas as pessoas que já nasceram. O segundo é o Livro da Vida do Cordeiro. Esse é o livro que muda tudo, da vida física à eterna.

O abrir dos livros

Em Apocalipse 20:12, João, o Revelador, descreve o que irá acontecer no céu:

> Vi também os mortos, os grandes e os pequenos, postos em pé diante do trono. Então, se abriram livros. Ainda outro livro, o Livro da Vida, foi aberto. E os mortos foram julgados, segundo as suas obras, conforme o que se achava escrito nos livros.

Imagine essa cena incrível. Estaremos em pé diante de Deus. Os livros serão abertos e, um por um, homens e mulheres de todas as gerações serão julgados com base em suas ações durante suas vidas. Daniel é ainda mais pitoresco em sua descrição desse mesmo tribunal:

> Continuei olhando, até que foram postos uns tronos,
> e o Ancião de Dias se assentou;
> Sua veste era branca como a neve,
> e os cabelos da cabeça, como a pura lã;
> o Seu trono eram chamas de fogo,
> e suas rodas eram fogo ardente.
> Um rio de fogo manava
> e saía de diante Dele;
> milhares de milhares O serviam,
> e miríades de miríades estavam diante Dele;
> assentou-se o tribunal,
> e se abriram os livros. (Dn. 7:9-10)

Isso é um julgamento aberto ao público, e todos que estão ali ouvirão os pecados de cada réu. Com Deus, tudo é feito às claras. Não ficará nada escondido para trás. Cada ação, com sua devida vergonha e culpa, será exposta. E então, virá o veredito: "Culpado!" Essa é uma cena que me faz estremecer e que me enche de tristeza. No entanto, ela não me enche de medo, pois eu não serei julgado nesse tribunal. Eu estarei na tribuna, como observador, não como réu.

Na frente do tribunal, os livros serão abertos, e todos irão receber a justa punição por seus pecados. Assistir a tudo isso da tribuna será, provavelmente, uma experiência bastante difícil. Você poderá ver as pessoas que ama ali; pessoas que quer ajudar, que quer resgatar. Mas será tarde demais. Não haverá nada que você possa fazer.

Você pode querer negociar pelos pecados de outra pessoa. Moisés tentou fazer isso, mas não funcionou. Depois de passar um tempo com Deus, no Monte Sinai, ele voltou e viu aquele bezerro de ouro. Ele ficou no monte por 40 dias – a presença de Deus com ele, queimando a montanha, gravando Sua lei. Moisés ficou furioso e devastado com o que viu lá embaixo. Ele sabia o tamanho assombroso do pecado do povo e da punição que mereciam.

Mesmo assim, apesar do pecado e da rebelião do povo contra Deus e contra ele, Moisés ainda os amava. Na verdade, ele os amava tanto, a ponto de colocar seu destino eterno em jogo. Ele implorou a Deus: "Ora, o povo cometeu grande pecado, fazendo para si deuses de ouro. Agora, pois, perdoa-lhe o pecado; ou, se não, risca-me, peço-te, do livro que escreveste" (Êx. 32:31-32). Moisés estava disposto a ter seu nome riscado do Livro da Vida do Cordeiro se isso significasse que os nomes do povo de Israel permaneceriam.

Porém, Deus não aceitou nada daquilo. Ele respondeu: "Riscarei do Meu livro todo aquele que pecar contra Mim. Vai, pois, agora, e conduze o povo para onde te disse; eis que o meu Anjo irá adiante de ti; porém, no dia da minha visitação, vingarei, neles, o seu pecado" (versículos 33 e 34). Cada um será punido de acordo com seus próprios pecados. Há apenas Um substituto para os nossos pecados, mas nem Moisés nem nós somos qualificados para isso.

Enquanto assistimos ao julgamento, você pode querer, desesperadamente, substituir seu nome no Livro da Vida pelo de algum ente querido seu. Assim como Moisés, o coração de Paulo se partiu por seu povo. Ele sabia da sua condição de perdição, por causa da rejeição ao Messias que foi enviado a eles. Paulo era um judeu ortodoxo, ou seja, ele entendia a adesão de seus companheiros judeus à lei, seu comprometimento com os rituais, seu orgulho em ser o povo escolhido de Deus. Ele fez uma oração angustiante, suplicando diante de Deus: "Porque eu mesmo desejaria ser anátema, separado de Cristo, por amor de meus irmãos, meus compatriotas, segundo a carne" (Rm. 9:3). Ele estava dizendo que, se a sua morte espiritual pudesse ser trocada pela salvação dos seus companheiros judeus, ele concordaria com isso num piscar de olhos. No entanto, Deus não trabalha dessa forma. Cada um é responsável pela posição que ocupa no livro do julgamento.

O livro da vida do cordeiro

É sobre esse segundo livro, o Livro da Vida do Cordeiro, que precisamos colocar nosso foco e nossa esperança. Novamente, o primeiro conjunto de livros contém os nomes de cada pessoa que já nasceu. Os nomes naquele livro são temporários e apagados conforme as pessoas morrem. Mas não é assim com o livro maior. Quando um nome é escrito lá, ele permanece.

Yom Kippur é o Dia da Expiação dos judeus. Antes desse dia santo, os judeus fazem um jejum de 25 horas. A exigência religiosa é um jejum de 24 horas, mas nós achamos que era melhor colocar uma hora a mais, por garantia. Não há palavras para descrever o quão furioso Deus ficaria se nós encurtássemos o jejum em um ou dois minutos. No Yom Kippur, há uma tradicional bênção que dizemos uns aos outros: "Que o seu nome seja escrito no livro". Estamos falando do Livro da Vida, ou o Livro da Lembrança, citado em Malaquias:

> Então, os que temiam ao Senhor falavam uns aos outros; o Senhor atentava e ouvia; havia um memorial escrito diante dele para os que temem ao Senhor e para os que se lembram do seu nome. Eles serão para mim particular tesouro, naquele dia que prepararei, diz o Senhor dos

Exércitos; poupá-los-ei como um homem poupa a seu filho que o serve. (Ml. 3:16-17)

Pense no quão trágica essa bênção é. Ele está basicamente dizendo: "O seu nome pode ter sido escrito no livro no ano passado, mas, como você provavelmente foi uma pessoa terrível nesse último, é possível que o seu nome tenha sido riscado. Vamos esperar que você consiga colocá-lo de volta".

O povo judeu entende que, quando falamos sobre o livro da vida padrão, o pecado pode trazer a morte, e a morte remove o seu nome do livro. No entanto, é diferente no Livro da Vida do Cordeiro. No primeiro conjunto de livros, os nomes são escritos com tinta. No segundo e maior livro, os nomes são escritos com sangue, e esse sangue não é o nosso, mas sim do perfeito Cordeiro de Deus, que derramou o Seu próprio sangue para a remissão de nossos pecados. É esse sangue que nos redimiu para a vida eterna. Esse sangue é permanente, indestrutível e não é possível apagá-lo. A pergunta que devemos fazer não é "Eu posso perder minha salvação?", mas sim "Eu sou salvo afinal de contas?"

O seu nome está escrito no livro da vida?

Isso nos leva à pergunta final e mais importante desse livro: O seu nome está escrito no Livro da Vida? Jesus mostrou, de forma clara, o caminho para a salvação quando disse: "Eu sou o caminho, e a verdade, e a vida; ninguém vem ao Pai senão por mim" (Jo. 14:6).

A salvação não vem através de uma denominação específica, ou por se ser bom o suficiente. Você não pode nascer cristão apenas porque seus pais são cristãos. Você não pode ter a salvação derramada sobre sua cabeça por um pastor ou sacerdote quando ainda é criança. A salvação acontece quando você decide entregar a sua vida a Jesus, aceitando o Seu presente gratuito da salvação, e se comprometendo a viver por Ele.

Paulo escreveu: "Porque pela graça sois salvos, mediante a fé; e isto não vem de vós; é dom de Deus; não de obras, para que ninguém se glorie" (Ef. 2:8-9). A salvação é obra de *Deus*, e não uma obra *nossa*. Somos eu e você aceitando o convite da graça do Senhor, e não conquistando nosso caminho até ela.

Como nós podemos receber esse presente gratuito da salvação? Crendo que a obra de Jesus na cruz é suficiente para perdoar nossos pecados e para nos levar à vida eterna, nos comprometendo em fazer Dele o centro de nossas vidas. "Se, com a tua boca, confessares Jesus como Senhor e, em teu coração, creres que Deus o ressuscitou dentre os mortos, serás salvo. Porque com o coração se crê para justiça e com a boca se confessa a respeito da salvação" (Rm. 10:9-10). Uma simples oração de fé e comprometimento, vinda do seu coração, é tudo que Deus precisa.

Quando você assume esse compromisso, o seu relacionamento com Cristo é restaurado. Agora, você está Nele, e Ele está em você. É esse relacionamento que garante o seu nome no Livro da Vida. João escreveu:

> E o testemunho é este: que Deus nos deu a vida eterna; e esta vida está no seu Filho. Aquele que tem o Filho tem a vida; aquele que não tem o Filho de Deus não tem a vida. Estas coisas vos escrevi, a fim de saberdes que tendes a vida eterna, a vós outros que credes em o nome do Filho de Deus. (1 Jo. 5:11-13)

Perceba a palavra "saberdes". Quão poderosa e reconfortante ela é! João não disse a fim de "desejardes" ou "esperardes" ter a vida eterna. Ele diz que é para que você *saiba*, sem sombra de dúvidas, que o seu nome está escrito no Livro da Vida do Cordeiro e que você passará a eternidade no novo céu e na nova Terra, desfrutando da presença do seu Salvador e Senhor, Jesus Cristo.

A qualquer dia agora

O Dia se aproxima. Esse será o Dia em que Jesus arrebatará a Sua Igreja da Terra para encontrá-Lo. Esse será o Dia do julgamento do Senhor sobre os pecadores e da disciplina do Seu povo, Israel. Esse será o Dia em que Jesus colocará os pés no Monte das Oliveiras, vindo pela segunda vez para habitar na Terra com a Sua criação. Esse será o Dia do governo do Rei dos Reis, do Seu trono em Jerusalém. Esse será o Dia do confinamento de Satanás, da sua eventual libertação e da rebelião final da humanidade. Esse será o Dia do julgamento do Grande Trono Branco, quando as ovelhas e os cabritos serão separados. Também será o Dia do novo céu e da nova Terra, onde iremos desfrutar da presença do Senhor para sempre.

Até que esse Dia chegue, vamos descansar na esperança da salvação através de Jesus Cristo. E vamos cuidar dos negócios do nosso Pai, sabendo que o nosso tempo é curto. Como diz em Hebreus 10:23-25:

> Guardemos firme a confissão da esperança, sem vacilar, pois quem fez a promessa é fiel. Consideremo-nos também uns aos outros, para nos estimularmos ao amor e às boas obras. Não deixemos de congregar-nos, como é costume de alguns; antes, façamos admoestações e tanto mais quanto vedes que o Dia se aproxima.

Notas

Capítulo 1: A qualquer dia agora

1. SEIPEL, Brooke. Pesquisa no Google por 'Terceira Guerra Mundial' aumentam, em meio a Tensões Aumentadas no Exterior (em tradução livre). **The Hill,** 14 de abril de 2017. Disponível em: <https://thehill.com/blogs/blog-briefing-room/news/328948-google-searches-spike-for-world-war-3-amid-heightened-tensions>.
2. CONNOR, Neil e MILLWARD, Mundo à beira de uma guerra termonuclear, enquanto Coreia do Norte pondera sobre como poderia provocar Trump (em tradução livre). **The Telegraph,** 14 de abril de 2017. Disponível em: <https://www.telegraph.co.uk/news/2017/04/13/us-may-launch-strike-north-korea-goes-nuclear-weapons-test/>.
3. KHOLAIF, Dahlia e EL-GHOBASHY Tamera. Explosões atingem duas igrejas egípcias, matando pelo menos 47 pessoas (em tradução livre). **The Wall Street Journal,** 9 de abril de 2017. Disponível em: <https://www.wsj.com/articles/egyptian-church-hit-by-bomb-blast-1491727099>
4. MACINTYRE, James. Sacerdote Copta, egípcio, prega mensagem inspiradora à bombardeiros: "Obrigada, estamos orando por vocês" (em tradução livre). **Christian News on Christian Today,** 13 de abril de 2017. Disponível em: <https://www.christiantoday.com/article/egyptian-coptic-priest-delivers-inspiring-christian-message-to-bombers-thank-you-we-are-praying-for-you/107295.htm>.

5. LEWIS, Avi. Sauditas "deixariam jatos israelenses utilizarem seu espaço aéreo para atacar o Irã" (em tradução livre). **The Times of Israel**, 25 de fevereiro de 2015. Disponível em: <https://www.timesofisrael.com/saudis-said-to-mull-air-passage-for-israeli-jets-to-attack-iran/>.
6. Lista de grandes erupções vulcânicas do século XXI (em tradução livre). **Wikipedia, Wikimedia Foundation**, 9 de maio de 2019. Disponível em: <https://en.wikipedia.org/wiki/List_of_large_volcanic_eruptions_in_the_21st_century>.
7. ONU emite apelo urgente por 4,4 bilhões de dólares americanos, para ajudar com o problema da fome (em tradução livre). **Philanthropy News Digest**, 14 de março de 2017. Disponível em: <https://philanthropynewsdigest.org/news/un-issues-urgent-appeal-for-4.4-billion-in-famine-aid>.

Capítulo 4: As 70 semanas prolongadas

1. BibleGetaway. **Blog Bible GetAway**. Disponível em: <https://www.biblegateway.com/resources/encyclopedia-of-the-bible/Apocalyptic-Literature>.
2. LARKIN, Clarence. Picos das montanhas das profecias, por Clarence Larkin (em tradução livre). Disponível em: <http://clarencelarkincharts.com/Clarence_Larkin_6.html>.

Capítulo 5: A grande sombra da Páscoa Judaica

1. BEHRENS, Sam. Como concertos holográficos assustadores estão transformando o futuro da indústria da música (em tradução livre). **MIC**, 26 de outubro de 2015. Disponível em: <https://www.mic.com/articles/89785/how-creepy-holographic-concerts-are-transforming-the-future-of-the-music-business#.qPABqRxKR>.

2. SALES, Ben. Cristãos que celebram o Rosh Hashaná e o Yom Kippur, uma tendência crescente (em tradução livre). **The Times of Israel**, 26 de agosto de 2017. Disponível em: <https://www.timesofisrael.com/christians-who-celebrate-rosh-hashanah-and-yom-kippur-a-growing-trend/>.

Capítulo 6: A grande sombra das outras festividades

1. A oferta do Omer (em tradução livre). **The Temple Institute**. Disponível em: <https://templeinstitute.org/the_omer_offering.htm>.
2. Hebraico Forte: 6016 עֹמֶר (Omer) (em tradução livre). **Omer**. Disponível em: <https://biblehub.com/hebrew/6016.htm>.
3. Shemot Rabbah 5:9. Disponível em: <https://www.sefaria.org/Shemot_Rabbah.5.9?lang=bi>.

Capítulo 7: Um olhar sobre o Oriente Médio

1. Trem de fuga para, depois de duas horas desgovernado (em tradução livre). **CNN**, 16 de maio de 2001. Disponível em: <https://edition.cnn.com/2001/US/05/15/runaway.train.05/>.
2. Demografia do Islã, centro Berkley para religião, paz e assuntos mundiais (em tradução livre). Disponível em: <https://berkleycenter.georgetown.edu/essays/demographics-of-islam>.
3. TANCRED, Alastair. Arábia Saudita se oferece para construir o maior estádio de futebol do Iraque (em tradução livre). **Daily Mail Online**, 18 de março de 2018. Disponível em: <https://www.dailymail.co.uk/news/article-5483295/Saudi-Arabia-offers-build-biggest-football-stadium-Iraq.html>.

4. BARRINGTON, Lisa et al. Hariri, do Líbano, rescinde sua demissão, estabelecendo limites na crise (em tradução livre). **Reuters**, 5 de dezembro de 2017. Disponível em: <https://www.reuters.com/article/us-lebanon-politics-idUSKBN1DZ1CG>.

Capítulo 8: Um olhar sobre Israel

1. KENTON, Will. Vale do Silício (em tradução livre). **Investopedia**, 25 de junho de 2018. Disponível em: <https://www.investopedia.com/terms/s/siliconvalley.asp>.
2. ZWIRN, Ed. Startups de tecnologia de Israel estão dando trabalho ao Vale do Silício (em tradução livre). **New York Post**, 28 de maio de 2017. Disponível em: <https://nypost.com/2017/05/28/israels-tech-startups-are-giving-silicon-valley-a-run-for-its-money/>.
3. UDASIN, Sharon. Uma revolução gradual ao redor do mundo (em tradução livre). **The Jerusalem Post,** 23 de abril de 2015. Disponível em: <https://www.jpost.com/Israel-News/A-drip-revolution-around-the-world-398660>.
4. HARRIS, Emily. Israel aposta em água reciclada para atender à crescente sede (em tradução livre). **NPR**, 21 de junho de 2015. Disponível em: <https://www.npr.org/sections/parallels/2015/06/21/415795367/israel-bets-on-recycled-water-to-meet-its-growing-thirst>.
5. PIB per capita de Israel [1960 – 2019]. Dados e gráficos (em tradução livre). **CEIC**. Disponível em: <https://www.ceicdata.com/en/indicator/israel/gdp-per-capita>.
6. BROWN, Larisa. Imigrantes aguarda na Líbia para atravessar o mar após Itália rejeitar barcos (em tradução livre). **Daily Mail Online**, 9 de julho de 2018. Disponível em: <https://www.dailymail.co.uk/news/article-5932107/Migrants-wait-Libya-cross-Mediterranean-Europe-Italy-turned-boats-away.html>.

7. Leia a lei completa do Estado-nação judeu (em tradução livre). **The Jerusalem Post**, 19 de julho de 2018. Disponível em: <https://www.jpost.com/Israel-News/Read-the-full-Jewish-Nation-State-Law-562923>.
8. BEAUMONT, Peter. União Europeia lidera crítica após Israel aprovar lei judaica de "Nação-estado" (em tradução livre). **The Guardian**, 19 de julho de 2018. Disponível em: <https://www.theguardian.com/world/2018/jul/19/israel-adopts-controversial-jewish-nation-state-law>.
9. EGAN, Matt. Os Estados Unidos estão decididos a superar a Arábia Saudita em um marco extraordinário pelo petróleo (em tradução livre). **CNN**, 21 de março de 2019. Disponível em: <https://edition.cnn.com/2019/03/08/business/us-oil-exports-saudi-arabia/index.html>.
10. Texto: Discurso de Obama no Cairo (em tradução livre). **The New York Times**, 4 de junho de 2009. Disponível em: <https://www.nytimes.com/2009/06/04/us/politics/04obama.text.html>.
11. TOUMI, Habib. Morrem 1,4 milhões devido à levantes árabes (em tradução livre). **Gulf News**, 28 de agosto de 2018. Disponível em: <https://gulfnews.com/world/gulf/bahrain/14-million-dead-due-to-arab-uprisings-1.2271986>.
12. Rebeldes Houthi, do Iêmen, lançam mísseis contra Meca e Riad (em tradução livre). **The National**, 20 de maio de 2019. Disponível em: <https://www.thenationalnews.com/world/mena/yemen-s-houthi-rebels-launch-missiles-towards-makkah-and-riyadh-1.863838>.
13. SILVERSTEIN, Ken. As descobertas de gás natural de Israel estão formando pontes sobre divisões políticas e forjando laços econômicos (em tradução livre). **Forbes**, 18 de abril de 2019. Disponível em: <https://www.forbes.com/sites/kensilverstein/2019/04/18/israels-natural-gas-discoveries-are-bridging-political-divides-and-are-forging-economic-ties/?sh=7ac3469615aa>.

14. Israel é eleito como oitavo maior exportador de armas do mundo (em tradução livre). **The Times of Israel**, 13 de março de 2019. Disponível em: <https://www.timesofisrael.com/israel-named-worlds-8th-largest-arms-exporter/>.
15. STAMOULI, Nektaria. Israel, Grécia e Chipre apoiam o Oriente Médio na construção de duto de gás (em tradução livre). **The Wall Street Journal**, 20 de dezembro de 2018. Disponível em: <https://www.wsj.com/articles/israel-greece-and-cyprus-back-eastmed-gas-pipeline-11545330357>.
16. DUNAI, Marton e HALLER, Jeffrey. Países do leste europeu dizem que o bloco deve mostrar mais apoio à Israel (em tradução livre). **Reuters**, 19 de julho de 2017. Disponível em: <https://www.reuters.com/article/us-hungary-israel-idUSKBN1A40WZ>.
17. LIS, Jonathan. Natanyahu encontra-se com o presidente reeleito Keynan, e com outros líderes africanos (em tradução livre). **Haaretz**, 28 de novembro de 2017. Disponível em: <https://www.haaretz.com/israel-news/netanyahu-meets-with-reelected-kenyan-president-other-african-leaders-1.5627092>.
18. BEERI, Tamar. Israel é 5778 em números: 25.000 novos Olim (imigrantes); 89% dos israelenses estão felizes. **The Jerusalem Post**, 4 de setembro de 2018. Disponível em: <https://www.jpost.com/Israel-News/Israel-5778-in-numbers-25-thousand-new-Olim-89-percent-of-Israelis-are-happy-566475>.

Capítulo 9: Quando o Restritor não detém mais

1. Fatos sobre a enchente de 1889 (em tradução livre). **Johnstown Area Heritage Association**. Disponível em: <https://www.jaha.org/attractions/johnstown-flood-museum/flood-history/facts-about-the-1889-flood/>.

2. Quem é o pastor Apollo Quiboloy? (em tradução livre). **Apollo Quiboloy**, 12 de abril de 2019. Disponível em: <https://www.apolloquiboloy.com/who-is-pastor-apollo-quiboloy/>.
3. O reino de Jesus Cristo TANAEN | Pastor Apollo Quiboloy (em tradução livre). **Kingdom of Jesus Christ**. Disponível em: <https://kingdomofjesuschrist.org/>.

BEHOLD ISRAEL

Behold Israel é uma organização sem fins lucrativos, fundada e liderada pelo israelense nativo Amir Tsarfati. A sua missão é fornecer informações precisas e confiáveis sobre o desenvolvimento de Israel e das regiões que a cercam.

Através do site, do app gratuito, das mídias sociais e dos ensinos em vários idiomas da Behold Israel, o ministério alcança comunidades no mundo inteiro. Os ensinos locais de Amir explicam o papel central de Israel na Bíblia, apresentando a verdade sobre os eventos atuais em meio a mídias globais que discriminam Israel.

Para mais informações, acesse: Beholdisrael.org.

grupo novo século

Compartilhando propósitos e conectando pessoas
Visite nosso site e fique por dentro dos nossos lançamentos:
www.gruponovoseculo.com.br

Ágape

- Editora Ágape
- @agape_editora
- @editoraagape
- editoraagape

Edição: 1ª
Fonte: Arnhem

gruponovoseculo.com.br